U0330891

读书
文丛

蒋
原
伦

媒介与修辞

三联书店

图书在版编目（CIP）数据

媒介与修辞／蒋原伦著．—北京：生活·读书·新知三联书店，
2020.3
（读书文丛）
ISBN 978 – 7 – 108 – 06747 – 0

Ⅰ．①媒…　Ⅱ．①蒋…　Ⅲ．①传播媒介－文集
Ⅳ．① G206.2-53

中国版本图书馆 CIP 数据核字（2020）第 003806 号

责任编辑　卫　纯
装帧设计　薛　宇
责任校对　常高峰
责任印制　宋　家
出版发行　**生活·讀書·新知** 三联书店
　　　　　（北京市东城区美术馆东街 22 号 100010）
网　　址　www.sdxjpc.com
经　　销　新华书店
印　　刷　北京市松源印刷有限公司
版　　次　2020 年 3 月北京第 1 版
　　　　　2020 年 3 月北京第 1 次印刷
开　　本　787 毫米 × 1092 毫米　1/32　印张 6.75
字　　数　130 千字
印　　数　0,001 – 5,000 册
定　　价　32.00 元
（印装查询：01064002715；邮购查询：01084010542）

目　录

文物与宝物

如今国民的文物意识大大提高，认识到文物即宝物，只要打地底下挖掘出来的，都是好东西。无论是一枚石针，一片瓦当，破碎的陶罐或残缺的农具，统统都搜集起来，放在博物馆的玻璃柜里，供人鉴赏。这里除了全民文化程度的提高，还应该归功于央视的"国宝档案"等节目和一些博物馆的免费开放，普及了人们的文物意识，不过，这类节目中，有些最后落脚点还是在宝物上，说得直白一些，就是值不值钱！就如北京台的"鉴宝"节目，最后的关键，是落在市场价格上，这也是吸引眼球的关键。

一

文物是宝物，宝物却不一定是文物。但是搁在几十年前，这一观念是倒置的，宝物可能是文物，文物不一定是宝物，或者肯定不是宝物。特别是那些不能搬到自家院子里，据为己有的文物。如北京的城墙是文物，但是体量太大，不能放置在博物馆，当然更无法据为己有，搁哪儿都碍手碍脚，干脆拆了修二环路，那些墙砖搭个柴火棚、垒个鸡窝什么的还有些用场。再如大型洞窟中的佛像，矗立在那里，风吹日晒，日渐褪色，倒是不碍人们什么事，但它们不是宝物，难免被砸毁的命运。笔者 20 世纪 70 年代曾到过龙门石窟，许多佛像的肩膀上都没有脑袋，那是反"封资修"的年代，估计砸整座佛像是一个体力活儿，光去掉脑袋既不太费劲，也表达了反对封建迷信和"破四旧"的决心。尽管是"封资修"，如果是一尊金身或玉佛，那待遇就不同了，肯定被保护起来，转移到博物馆或地库里，那不是佛爷的面子大，而是那金玉的材质魅力大。

没有到敦煌之前，英国的斯坦因和法国的伯希和在我的印象中是骗子加强盗一类的人物，他们盗走了大量的中国文物，以今天的观念，他们骗走的都是好东西，大胆而狡诈，但是在百多年前，不仅是道士王圆箓，恐怕绝大多数人会认为他们是傻子。想想他们拉走的什么东西啊，是一堆"废纸"，残缺不全的经卷、各种写本、上面抄写着谁都不认识的奇奇怪怪的文字。万里迢迢而来，怎么就看中了这么些陈年古董？

按照学者钱存训的说法，1907 年斯坦因在藏经洞和敦煌附近拉走了七千来卷文物和写本，除了多半是佛经，还有儒家和道家的经典、先秦诸子、史籍、韵书、诗赋、小说、变文、契约、历史和各种公私文件。此外，还有一些梵文、粟特文、波斯文、回鹘文及藏文写本，另外还有家常书信，如其中有七封信是粟特商人写给他们在撒马尔罕和布哈拉亲属的家信，信中述及通信的困难、商品的价格、银的兑换率和一些家常琐事（见其《书于竹帛纸卷》）。

斯坦因似乎也没有冲着财宝而来，尽管先后拉走了上万件文物，也没有因此而发财，在这些文物中纸本居多，能值几个钱？也只有放在博物馆和研究机构，才有价值。据说到他去世，终身未娶，一生节俭，没有房屋，没有什么私产。当然斯坦因是有收获的，不仅写出了一大摞研究著作，如《古代和田》《斯坦因西域考古记》《亚洲腹地考古记》等，还换来了敦煌学开山鼻祖等各种学术声誉和显赫头衔，英国乔治五世还授予他印度帝国高级爵士爵位（另一方面也留下了恶名）。按照弗洛伊德学说来理解，他是将力必多全投射在考古学和文物研究上了，所以在攫取西域文物上贪婪无比，后来竟然将不能搬动的壁画切割下来掳走，实际上就是毁坏了文物。

藏经洞的打开是在1900年，待到1907年，那方寸之地不知被翻腾过多少遍，如果有值钱的东西早就被掳走了。假设这堆什物中有王羲之的字或吴道子的画，王圆箓再愚昧也不至于轻易脱手，哪有斯坦因的份儿？再说，敦煌在中国的腹地，斯坦因从哪儿出境都不易，路途遥远，又没有飞机火车可搭乘，交通工具基本就是骡马大车，四处茫茫原野或戈壁，如果碰上强人剪径是没地儿躲。我想，如果遇上强人，他们觊觎中的一定是洋人口袋里的钱财，而不是那一车中国的"破烂儿"。那时节，这样的老古董肯定比今天容易寻觅，也相对好搜集（估计造假也没有今天这么猖獗，造假只有在成为一个产业链时，才有利可图）。也没听说有什么歹人潜入莫高窟盗宝。也许多年之后，我们的后辈写穿越小说，会编出"敦煌盗宝记"这样的故事来，在这样的故事中，莫高窟周围一定有城管巡逻，甚至有武警把守；但那时，藏经洞只有王圆箓一人把守，他外出时，一扇木门和一把铁锁，仅此而已。

据说王圆箓还是有一些眼光的，或者说有些嗅觉，感觉到藏经洞里的这堆什物可能有价值。当然，所谓有价值也是指文物价值，不是宝物价值，如果是宝物，他早就秘而不宣，拿去换银子了，省得到处化缘来盖他的道观太清宫了。他曾向地方的各级行政长官通报了数次，得到的答复是就地保管。这中间，有一位道台，还对比了王圆箓呈上的写本，认为那上面的书法不如自家的写得好，关注的是其书法学上的意义。

二

在现代汉语词典里，文物的概念和宝物的概念是不同的、分开的。在现实生活中，这两个概念是交叉的，有时是等同的、难分难舍的。

宝物是独立的，不需要衬托，无论在珠宝店，在博物馆，还是私家收藏那里，都会射出耀眼的光芒，让所有人眼睛为之一亮。文物是要在一定的知识背景中，在一定的语境里才有价值。今天来看，莫高窟的一切，哪怕是一抔黄土都是宝贝，可是那时节，莫高窟几近废墟，只有王圆箓（或许还雇一两个人）在那里忙碌、清理。谁也不认为藏经洞里的这堆什物有多么重要的价值。这跟卞和献璧不同，和氏璧是宝贝，楚王或楚王的近侍、玉工等是有眼无珠，不识荆山之玉。而敦煌的情形与此不同，那些纸本和经卷只有在现代考古学、人类学、民俗学、语言学和宗教研究者的视野中才有价值，所以要等到斯坦因和伯希和等人的登场，才显出意义来。

这是很悖谬的事情，王圆箓和斯坦因造就了敦煌学，却同时背负了罪名，如果当初王道士发现藏经洞后，胡乱处理，甚至烧纸取暖，反倒不会有人指责，王道士只是无数道人中较为寻常的一个。或者说斯坦因拿走这些，没有送回英国，中途不测，文物失散，反倒不会有人指责。事实上，他多次考察西部中国，在没到敦煌之前的 1900 年，已经在从喀什到和田的途中搜集了大量的文物，如陶片、钱币、金属器皿、简牍、写本、画像等。若没有敦煌学的崛起，则可能他的这些占有，没有多少人会记得或提及。在国人眼里，他最多是一群西方探险家和考古学者中面目模糊的一员。然而有了敦煌学情形就不一样了，或者说敦煌学越显赫，他们身背的罪名越重。其实，敦煌学并不是必然会有的，这是意识历史或者观念历史的产物，正是斯坦因和王道士的偶然相遇，给了历史以产生敦煌学的机遇，当然还要有伯希和的跟进和法国汉学研究的兴盛，否则，以中国（或大清）当时的情形而断，恐怕这类文献资料被毁弃和埋没的情形居多。

敦煌藏经洞的发现虽然是千载难遇，但以中国地域之广，历史之悠久，类似的情形一定会重现，特别在西北之地，气候干燥，东西不容易腐烂，成捆成堆的文物出土，保不齐会有岐山学、丰镐学、凉州学等问世。依中国自己深厚的金石、小学、考据研究传统，似乎接下来应该有各种"学"的产出，但是实际情形是没有。所以还是这句话，敦煌学并不必然会产生。真所谓世有伯乐而后有千里马，千里马常有而伯乐不常有。

在那个兵荒马乱的年代，中华大地还没有产生如法国的敦煌学、西域史学的土壤（所以中国敦煌学的开拓者是法国留学回来的常书鸿，很顺理成章）。即便是战争消弭，情况也不乐观。北京城墙就是在和平年代消失的，在人们的眼皮底下。当然我们可以为此找到许多理由，如为了首都的发展，为了经济建设；此一时彼一时，不能以今天的眼光来要求当时；等等。但是，同样我们也可以为王圆箓找到许多理由，为了莫高窟的发展，为了道观建设的需要……笔者很欣赏余秋雨先生《文化苦旅》中的某些篇章，就是不明白，为什么在《道士塔》一文中将那么尖刻的责难加于王道士一身。一些中学课本又恰恰选了这一篇散文，使王道士被钉在历史的耻辱柱上。为了今天的爱国主义教育，就需要牺牲一些小人物？当初北京城墙拆毁前，梁思成等著名学人曾苦苦劝阻并反复陈述理由，尚且没有奏效；而王道士身旁毕竟没有先知先觉者如余秋雨先生这样的劝诫，倘若有，我想敦煌文物的命运一定会比北京城墙的命运要好些吧。

或者是有识者得之吧，斯坦因欺骗也好，装出一副虔诚的样子也罢，总之他认定这是宝贝，尽管其时他基本读不懂这堆东西（斯坦因不懂汉语），汉学与语言学方面的功底不及伯希和深厚，眼光和识断也没有后者老到，所以掳走的东西反而就更多，强烈的文物意识驱使他席卷一切。于是斯坦因得到了卷子，王圆箓得到了银子。除了斯坦因和伯希和等，又有谁会将它们当作宝贝来看待？大清王朝摇摇欲坠之际，好像什么学问都没有意义。这不是指当时中国没有识者，而是整体上，社会意识层面上没有引起足够重视。那时现代意义上的考古学、人类学、民俗学等尚未在中国生根，那些个不起眼的经卷、写本尚未有后来所赋予的那些非凡的价值。这里还应该看到，伯希和满载敦煌文物的马队堂而皇之地到郑州，又换乘火车到北京，然而再下南京和上海，引起了一些中国学者的关注，他们"为伯希和举行了一次宴会，并且结成一个社，以选择他携带的那批文献中的珍贵者，影印发表和刊印成一大套书。他们甚至要求伯希和作中间调停，以便将来能在巴黎方便他们在这方面的工作"（参见耿昇《伯希和西域敦煌探险与法国敦煌学研究》，载《法国敦煌学精粹》），只是没有看到官方和学术界的交涉和赎回的要求：如这些珍贵文物应该留在中国。

现在想来，斯坦因、伯希和等倒是真正的文化苦旅者，即便交通发达的今天，我们依旧可以想见百多年前塞外大漠旅途的艰辛和种种风险，飞沙走石，风餐露宿。但他们得到了梦寐以求的或喜出望外的东西，中国却失却了本不应该失却，然而在那个年代却不太可能完好保存的东西。

三

无论是文物还是宝物，总是物以稀为贵。走进大英博物馆的埃及馆，劈面而立的是罗塞塔石碑，这块被人们称为钥匙碑的镇馆之宝，镌刻着托勒密五世加冕一周年时的诏书。石碑的正面有三段不同的文字。居上是古埃及的象形文字，中间是立碑当时的埃及通俗文字（公元前 1 世纪），最下方是希腊文，后来的学者根据下方的希腊文和埃及通俗文字破解出早已失传的古埃及象形文字，并且发现埃及的象形文字，并不全是表意字，它们居然也可以是表音的，即象形字符同时是拼音符号。破解古埃及的文字之谜，吸引了欧洲许多语言学文字学研究者，英国的托马斯·杨和法国的商博良是其中的佼佼者。他们是同行又是对手，互相之间是较着劲，最后是商博良胜出。学术研究中竟然有了竞技的成分，这就有了情节，有了悬念，有了观赏的焦点，如后来的达尔文与华莱士之间也是这种关系，《物种起源》的仓促发表是达尔文为了抢在华莱士之前公布自己的进化论思想，情形有些惊险。这类学术竞争有时像智力游戏，常常成为历史佳话，所谓胜出，其实也是在吸收了前人和他人成果之上的一次飞跃，是人类文明达到一个新高度的标志，虽然其间难免也有争夺、狡黠和欺瞒，但毕竟没有权力竞争的血腥味。多少年之后，当人们还对《雍正王朝》《张居正》等小说或电视剧津津乐道时，这类小圈子内的学术竞争听起来显得分外迂腐。

无独有偶，这回在银川西夏王陵，笔者也看到了一块钥匙碑，是有着西夏文和汉文两面碑文的《凉州重修护国寺感应塔碑》复制品，真品在武威市的博物馆内。西夏王朝于1227年被蒙古大军灭族，延续了近200年的西夏文明从此湮灭不传，所以到1804年，感应塔碑的发现，使得一个消失了六百来年的文明重见天日，本该是石破天惊的大事，但是实际上却波澜不惊。也许在天朝文化人眼里，这蕞尔小国或化外之地的物事，不值得大惊小怪？

西夏文无疑是"天书"，这是当年西夏王朝的大臣野利仁荣仿照汉字创制的一套表意文字，结构方正，笔画烦冗。远看这些方块字，个个眼熟，近看一个也不认识（在1989年的现代美术展上，笔者观看徐冰创作的《析世鉴》，就是这种感觉。由此相信徐冰的创作灵感最初可能来自西夏文）。张澍发现西夏碑比法国人发现罗塞塔石碑仅晚了五年，但是这两块碑的命运完全不同。罗塞塔石碑很快就有了归属之争，尽管石碑是在埃及的罗塞塔附近的一处要塞发现的，但法国人认为，是他们首先寻觅到的，拥有物权。英国人的逻辑，既然英国军队打败了法国军队，那么一切都是英国的战利品，包括罗塞塔石碑。于是法国人又偷运，英国人又拦阻，最后就装船运到了大不列颠。我怀疑这后面的偷运之说是好莱坞电影人的祖先虚构的，当然也可能真有其事，生活总是比电影更丰富、更传奇。

西夏碑则不久就被人遗忘，尽管乾嘉学派的主要人物如戴、段、二王，除了戴震，其他三位段玉裁、王念孙、王引之都健在，但中原的考据和训诂之风不够强劲，并没有刮进西域。西夏文再次引起人们注意是在一百年之后。19 世纪 70 年代，当英法学者在争论居庸关下云台门洞中镌刻的六种文字中唯一无法识别的文字（其余五种已知的文字分别是汉文、梵文、藏文、八思巴文、回鹘文）到底是女真文字还是什么别的文字时，人们显然不知道西夏碑的存在，当然更不知道张澍的发现。直到 1908 年《蕃汉合时掌中珠》等西夏辞书在黑水城（今内蒙古额济纳旗境内）重现，人们终于获得了解开西夏文的密钥。自然就没有了像破解古埃及那样来破解这"天书"之谜的惊心动魄的故事，该碑直到 1961 年才成为国务院公布的第一批国家重点文物。

有道是黄金有价玉无价，玉的品种太广，种类繁杂，无法用统一的标准来衡量。套用到本文，亦可说宝物有价文物无价。因为文物的种类更广，更加繁杂，并且文物概念还是不断延伸的。所谓文物，时间的长度（历史悠久）只是一个方面，文化的走向、观念的演变和某种风尚的相互作用均决定着文物概念的内涵。前文说过，一定的知识背景、意识形态，某种语境和氛围都是文物的构成要素。这样说来，就有点神秘，有些玄乎了，还是打住吧。

当然什么事情都不绝对，保险公司的一位朋友告诉我，文物是有价的，因为他们公司曾经为一些文物展品做过保单，那上面，文物分明是有保价的呀！

（原载《文汇报》2013 年 3 月 25 日）

说说华西一景

听朋友说，华西村有一景，所以利用春节前的假期到江阴华西参观。参观也是瞻仰，三四十尊塑像，虽然制作的工艺说不上是一流的，倒是有我一直以来崇敬的人物。

所塑的群像分别矗立在相邻的几块草坪的周边，分明是一个雕塑园，然而华西人称它为"信仰大观园"。事关信仰，肃然起敬，但是接下来的场景让人惊讶、忍俊不禁。最先看到一组塑像：依草坪边缘而立，依次是袁崇焕、萧何、商鞅、林则徐、海瑞、包公、岳飞、薛仁贵、穆桂英。正中央……抬眼一看，呵！是毛、刘、周、朱、邓。感觉是历史上的文臣武将都被召唤来拱卫五位无产阶级革命领袖。对于一个从小深受某种意识形态熏染的人来说，这一安置和组合不伦不类是显而易见的。即使按革命功劳的大小论，有地位的无产阶级革命先驱有成百上千，怎么就排上了海瑞、包公、穆桂英呢？正琢磨，另一组塑像映入眼帘，有一半是老熟人了：焦裕禄、雷锋、刘胡兰、黄继光和董存瑞，几十年来一直是学习的榜样。另一半也不陌生，一说到中华古老文明必然要提及的盘古、女娲、黄帝、炎帝、大禹，不过英模人物和三皇五帝等距离排列，是头一遭碰见。

我知道国人从来就有海纳百川、兼收并蓄、和谐包容的胸怀，但还是感到突兀，起码应该将焦裕禄、雷锋、刘胡兰这一组和袁崇焕、萧何、商鞅等调换一下，时空穿越也不是这么玩法呀。当然立即意识到是自己的迂腐，观念被时空束缚的缘故，怎么摆放不是摆放？那些作古的人物既然已经获得永生，时空啦，身份啦，位置啦，都不重要。不少旅游景点有蜡像馆，蜡像馆里面的人物也是五花八门、各色人等，自己从来没有对其中的人物关系提出过异议。

缘由还是在"华西幸福园，信仰大观园"这一规定情景的导入，信仰应该有信仰的严肃性，有共产主义信仰的人应该归在一起，才显示出信仰的力量。

在信仰大观园的入口处有一个告示性的说明，意思是除了邪教不能信，"神马"都能信。这才明白这是一个包罗范围博大的信仰系统，是信仰的大杂烩。邪教不能信，是为了表示政治正确！什么都能信，则表示开放气象，以显示华西人的博大胸怀！这一胸怀是超越史学的、阶级的或意识形态的分类原则，单靠学理逻辑解释不了的。随意性的摆放正是民间信仰的一种特质，换了现在时髦的说法是后现代性，当然是本能的后现代，不是那种书本定义中强调小叙事的后现代。本能的后现代拼贴，使得有深度的历史趋于平面化和大杂烩化（其实这更体现时代特征，即讲究实用，讲究大团结，讲究谁也不得罪。以当下的政治判断取代以往的价值判断，也是实用的一种）。

当然说是后现代拼贴，其实也有逻辑和深度。比如中央和边缘还是有区分的，而且中央的领袖们雕像的材质也明显好于其他雕像，并且领袖一律是坐姿，其他的人物统统站立，任你是炎帝、黄帝还是大禹，这里的逻辑不仅是厚今薄古，还是将当国的领袖人物放在核心地位。与核心地位遥遥相对，隔着两块草坪的另一组革命人物虽然还没有标上名字，看形象和造型应该是江姐、鲁迅、李大钊，还有一位书生模样的，大概是瞿秋白。

说到信仰，总觉得还缺了些什么人物，原来答案就在不远处：在中轴线的一侧，找到了老子、孔子、墨子、弥勒佛、送子观音，他们和释迦牟尼、耶稣、圣母玛利亚一字排开。儒释道的教宗一个不少，还有洋教主。不过他们统统不入主流，似有明日黄花的感觉。他们的存在是以示包容，当年大批封资修，多少落下了些许阴影。好在这里的基本原则是多多益善，各路神仙只要政治上不犯忌，统统网罗其间。国家领袖、英模人物、帝王、清官、忠臣、古代圣贤、思想家、宗教教主，或杂处或并列，济济一堂，相安无事。

在我参观华西之前半个多月，天安门广场国家博物馆一侧立了九米多高的孔子像，为此，反孔一方和拥趸的一方争论不休，在互联网上大动干戈，当然打的是笔仗。全国的孔子像无计其数，不怎么有人计较，还有为了孔子而排斥基督的，但是，天安门广场能摆放谁，不能摆放谁，这是意识形态之战，估计无论哪一方说服另一方均不是容易的事情。像华西人这般百无禁忌，照单全收，那就什么争论都不会发生！

华西人的百无禁忌是有来历的，他们在构建信仰的"和谐社会"，这不仅符合当下语境，也不违背历史文化传统，这里所说的传统是指道教文化的传统。鲁迅曾说过，中国的根底在道教，这么说不是要强调道教是本土宗教，这无须再言，我想鲁迅老人家的意思是道教的精神内核和我们的国民性相通，既海纳百川又藏污纳垢（关于国民性，是一个巨大的无穷无尽话题，此处不表）。

作为多神教的道教，其谱系虽然很多，很庞杂，从来没有好好清理过，清理是需要花大气力的，需要知识界的鼎力相助。大概是"子不语"的缘故，中国的知识阶层和佛教的亲近程度超过道教，所以道教的系统理论在后期没有得到深入的发展，在实践层面也走入怪力乱神、巫觋咒符一路。之所以中国的知识阶层整体而言与本土宗教疏远一些，可能是与道教一开始不太靠谱、很讲究实用有关。信仰也有层次之分，即纯精神性的层次和实用性的层次。在实用的层次上往往会把对金钱和权力的崇拜也误当成信仰，或者说这就是一种信仰，所以有拜物教一说。道教的实用性很强，小到祛病救灾、求财祈福、延年益寿，大到升仙得道、呼风唤雨，或逍遥快活或长生不老，按一些研究者的说法，将现世的人生看作乐还是苦，是道教和佛教的最大差别之一，道教将人生看作是乐的，所以追求长生不老、羽化登仙。

佛教虽然是舶来品，却比道教要"有谱"得多，精神性层面的内容要丰富得多。当然这和佛教的"谱"（其基本理论和系统）在传到东土前已经完成有关。中国尽管一直有儒释道三教合流的说法，翻翻思想史，提出三教合流的，基本是道教立场，没有哪位儒家著名思想家倡导过三教合一，佛教传到中国后开始也有三教合流的说法（见牟子《理惑论》），希望通过这一方式，让佛教在华夏有所传播，但是一旦站稳脚跟，就无所谓合流不合流了，倒是发展出禅宗、天台宗、华严宗等教派。尽管在漫长的历史过程中，佛教兴兴灭灭，声势最为显赫时，闹到皇帝要出家当和尚的地步，也没有要和道教分享其"光荣和梦想"的意思。道教提倡三教合流，是符合其精神内核的，因为道教在其产生之初就是出于实用目的，并不是意识形态十分严格的教派。有研究者认为道教的一些经典（如道藏）也是模仿佛教典籍的架构而来，难怪明代有所谓"三一教"产生，是儒释道三教合一的意思。

不过什么都不能一概而论，在早期，道教和佛教之间的思想斗争是十分激烈的，就是所谓争夺话语权和宗教的领导权的斗争，刘宋时期的顾欢就有《夷夏论》面世，他不仅信奉道教，而且要将道教和佛教分出一个正邪是非来。夷夏论就是夷夏之辨，意思是要搞中国特色的宗教，不搞西方的那一套，因为佛教不适合中国的国情和礼教。

道教正是滋生于本土，符合"国情"，故一度十分兴旺，在李唐开国后的一段时期达到其巅峰，成为国教。但是道教得势后，在实用性层面得到了拓展，炼丹喝药，消灾度厄，精神性层面没有相应的完善，又参与到上层政治斗争之中，所以当武则天改朝换代时，武周革命弃道教而借助于佛教，这里除了政治和权力的原因，还因为在佛教和道教的论辩和义理之争中，道教败北。后世学者总结认为，道教在理论体系和组织制度等方面均不及佛教来得严密和完善，在论辩中失败是难免的。另外后期道教似乎从来不搞清理门户的事情（这里是指思想和理论上的谱系而言），而总是在扩展，有点像股份公司，不断收购中小企业，将民间信仰的一干神祇纳入自己的体系，到明代以后更是加速扩容，先后将文昌帝君、妈祖、关帝、八仙、土地、城隍和蚕神收编到自家门下。据说，正是无限扩容，导致面目模糊，使得道教江河日下。

　　与道教的照单全收不同，佛教相对而言比较有原则，佛教各宗派之间常展开辩经和论争，佛和外道之间也经常要论辩，以证明自身的正确性，一辩十天半月，唇枪舌剑，很是尖锐刺激。钱文忠先生的《玄奘西游记》就生动地描述了这类辩论大场面，相信他所据有本，来自相关文献典籍。（不过有"文革"经历的人自有深切体验，那时红卫兵和红卫兵之间，造反派和保守派之间，造反派和造反派之间经常展开大辩论，是所谓无产阶级革命路线和资产阶级反革命路线之辩。在我模糊的记忆里，双方都是捍卫无产阶级革命路线，都指责对方是资产阶级反动路线。当然辩论的最后获胜者不一定是道理讲得透彻或理论逻辑严密，获胜者常常动用的是两种武器，情感煽动和高音喇叭，有时后者更加重要，控制音量比说理动情更加有效。那时的红卫兵已经从实践层面知道"媒介即信息"的道理，很会利用现代传媒科技先声夺人。）

佛教成为中国本土宗教后，这种大辩论似乎不怎么兴，禅宗的公案里倒是保留了一些体悟方面的论辩，越往后越少辩论，如今的架势有点像道教，也很讲实用，理论似乎只是点缀。所以一干信众讲求财祈福，保安康，保延年益寿，三教九流混杂在一起，在庙里供奉关老爷，也供奉孔子，很有和平共处的精神。然而实践的层面和精神理论层面错开了，金钱和权力的能量就得到发挥，一来二去就与当年的教义相背离。据说和尚也分处级局级，另外看到功德箱就是捐钱，殊不知"功德"二字原本不是金钱。当年，那位舍道归佛的梁武帝曾问达摩，朕一生造寺度僧，布施设斋，有何功德？达摩说，实无功德。《六祖坛经》中解释说："造寺度僧，布施设斋，名为求福，不可将福便为功德。"那什么是功德？"见性是功，平等是德。""内心谦下是功，外行于礼是德。""念念无间是功，心行平直是德。"而"心常轻人，吾我不断，即自无功，自性虚妄不实，即自无德"。自然，功德在各个方面的具体表现难以道尽，但是强调自身修行，不以福报为目的，是其核心理念。

对于信众来说，将功德转化为捐钱，简化了修行的方式，省却了精神方面的功课，但是对于自身境界的提高并无益处（捐钱和舍财有很大区别，前者是有计算的，有心理平衡点，后者是一种信仰或世界观）。类似将功德解释为捐钱的情形，在当下较为普遍，就因为捐钱简便易行，这种简便易行将人们引导到另一个方向上，即精神方面的委顿和马虎。

其实精神追求层面的顶真、"认死理"和社会实践层面的包容是相辅相成的，没有前者的认真拓展就没有后者的包容。眼下人们看到更多的是相反的情形，信仰方面什么均可纳入，什么都信，实际上是无信仰，而在社会实践层面则无包容，不能利益共享，不能接纳不同的意见，造成的结果是社会整体在原地踏步。即便不拿精神层面说事，单说 GDP，去岁欣闻中国 GDP 超出日本，只高兴了片刻。其实从盘古开天辟地到 20 世纪初，中国一直领先日本。早先两千年前尽管无资料记载，但中国物产丰富，日本是比不了的。那时日本在国际贸易中主要出口长生不老药，秦始皇派徐福去东瀛购买，还没有到手，可以想见他们的国民生产总值不会太高。

还是回到精神层面来说，有所追求和有所宽容是一个民族心智成熟的表现。纪念和瞻仰优秀历史人物再多也应该，如果只是灵机一动，将雕塑园奉为信仰大观园则不妥，这有点像春晚的小品，只要不犯政治，什么都是搞笑的材料。当然只是华西村上演小品也罢，然而今天这种灵机一动的小品精神成为时代特征，从心脏弥漫到毛细血管。

　　信仰不是旅游资源，精神层面追求的严格性和社会实践层面的包容性既不能偏废，也不能混淆。从这一理念出发，天安门广场安置优秀历史人物的塑像可以尺度放宽，从孔夫子到孙中山，可选择的对象不少。但是这些优秀历史人物对中华民族所做的贡献和究竟是哪一种贡献，倒是应该辨别清楚的。好在今天的互联网为我们提供了论辩的公共空间（在互联网上，点击率高、转发次数多的，从来不是胡搅蛮缠或靠谩骂取胜的帖子），也有相对全面的信息，容易取得相对的共识。当然，华西村里的那三四十位人物可以也应该移一些到广场上来，毕竟中华文明漫长的历史不是从 1840 年之后才开始的。历史的步伐不单是正确与谬误的争斗，也是泥沙俱下的过程，那些大的泥块和沙粒只是比较容易被发现而已。

（原载《读书》2011 年第 7 期）

灵 渠

　　去过桂林多次，每次去总少不了游漓江去阳溯，或者参观芦笛岩和七星岩。早先漓江的水势充沛，游漓江的船停泊在解放桥附近，上船后要走一段水路才看见象鼻山，过象鼻山，气象逐渐开阔，水光云天下，葱白的山簪一座座拔地而起，尽显喀斯特地貌的美妙。这些年漓江水势渐减，登游船的地点就在象鼻山以外，再去桂林开会或出差，觉得桂林变得乏味起来，号称"山水甲天下"的峰峦在一幢幢威猛的高楼大厦背后露出怯生生的山尖，有点像给每座楼派发了一顶瓜皮小帽。

　　市政当局为增加旅游景点，疏通了两江四湖，造了卧姿各异的景观桥和玲珑剔透的日月双塔，使得桂林市区更加美轮美奂，游两江四湖的船票通常要预订，可见是热门景点。只是没有人跟我提起过几十里开外的灵渠，因此当文辉带我们一行人去灵渠时，还以为是又一个新开发的旅游景点，全然不知道，将要拜谒的竟是 2200 年前开凿的伟大水利工程。

一

古老的灵渠，作为景点是很晚近才开发的，20 世纪 80 年代末，才公布为全国重点文物保护单位，2006 年成为国家 AAAA 级旅游景区，可能是由于交通和宣传方面的原因，灵渠的知名度似乎并不高。当我走进灵渠园区的大门时，还以为是兴安县境内一处略加修缮的自然风景地。

说起来，作为"伟大水利工程"的灵渠，还正像是一处自然风景地，因为它的伟大是隐藏在自然山水之间的，不露真容。只有分水的铧嘴和大小天坪坝的稍稍隆起，显示出人工作业的痕迹。与同是 2000 年前的水利工程——如古罗马人在西班牙塞哥维亚修建的大渡槽——相比，灵渠称得上是鬼斧神工。塞哥维亚大渡槽的宏伟壮美绝对是没的说，两万多块花岗岩巨石构筑的拱形连续主体延伸 800 多米，远观就像腾空而起的巨龙。然而，面对早期社会的这类体量无比庞大的建筑，不仅自己顿觉渺小，还总会有阴暗的联想，如劳民伤财，孟姜女哭长城……因此在情感的倾向上，我已经站在灵渠的不显山露水，又浑然天成这一边了。我想塞哥维亚大渡槽输送水的功能实在有限，且工程浩大，靡费大量人力物力，肯定不完全是出于实用目的，应该还有其他的考虑，如炫耀实力、增添城市的美观，再如展现建筑能力等，总之，不完全是出于民生的考虑，因此其文化意义大于实用意义。

灵渠的开凿也并非出于民生的考虑，这是北方的强秦开疆扩土，打到岭南地区，为了运送士兵和军粮而修建的。待到征服百越，战争残酷的一页翻过，照理应该在史书上留下一些辉煌的记载，如疏通河川，以利舟楫，泽万顷良田，功在千秋等，遗憾的是史书上似无多记载，例如在《史记》的河渠书中就毫无这方面的内容。

司马迁"南登庐山，观禹疏九江，遂至于会稽太湟，上姑苏，望五湖；东窥洛汭、大邳，迎河，行淮、泗、济、漯洛渠；西瞻蜀之岷山及离碓；北自龙门至于朔方"，足迹遍布五湖四海。其开篇从大禹治水九州写起，经李冰开凿离堆而筑都江堰，再到郑国修渠、西门豹引漳河水入邺，一直写到当朝孝文帝和汉武帝的百官治理黄、淮、洛水等，洋洋洒洒千多言，就是没提及这么有技术含量的灵渠，颇令人纳闷。司马迁是否压根儿就不知道有那么一条渠的存在？答案又是否定的，因为在其《史记·平津侯主父列传》中，就有秦兵"南攻百越，使监禄凿渠运粮，深入越"云云，那是公孙弘在总结秦王朝败亡的原因时，作为秦王朝过分穷兵黩武的一个例证被提及，这是一个反面的例子。由此看来，根本原因可能是灵渠偏于一隅，路途遥远，足迹未到。否则以太史公之视野、博学和判断，断无忽视灵渠的理由。

灵渠也可以说是中国最早的运河，虽然总长只有三十多公里，却沟通了长江和珠江两大水系，使得南下的漓江和北去的湘江水脉相连，在灵渠的铧嘴不远处，立着乾隆年间的书碑，上有清人查淳所写"湘漓分派"四个大字，碑身仅一人多高，但可谓气势干云。因为这四个字背后让人联想到浩渺的洞庭湖和蜿蜒美丽的珠江。

查淳是桂林知府，灵渠所属的兴安县地界正是他的治下。查淳的老爹也曾担任知府一类的官职，当年为疏浚灵渠河道，探寻过湘、漓之源头，因此查淳在此处立书碑并不能算附庸风雅，是有职分所在的意味。如果说桂林的地貌可以用钟灵毓秀来描绘，那么兴安这边可以用人杰地灵的地灵来形容，说兴安是地灵之地，是因为这两千多平方公里的土地，也就两个香港的面积，竟然是湘江和漓江两条历史名河的发源地。虽然郦道元在《水经注》上称"湘漓同源分为二水"，实际上这"二水"分属于不同的山系，中间隔着湘桂走廊这狭长的谷地。而且这两条极有个性的河流居然背道而驰，各奔前程。湘江源出于兴安县南部的海洋山脉，故源头称为海洋河，此后一路向北，有朝觐中原的意味，而漓江源则打兴安西北的猫儿山下来，我行我素，一路往南往西，蜿蜒曲折奔梧州方向而去。多少万年过去，这两条河互不照面，突然在某一天，灵渠就像丝绸腰带那么一搭，将它们松弛地绾系在一起，真是相得益彰。作家张承志当年写北方的河多壮阔伟岸，而南方的河则清秀灵动，穿行于山林和田畴之间，又有沟渠相连，很有几分亲切感。

二

挖渠对于一个能修万里长城的民族来说不是什么难

事，灵渠之灵在于那些建筑的细节。当园区的讲解员就灵渠具体的工程构造一一道来时，听得我两眼发直：一是外行人本来不懂水利建筑，名词术语听着陌生；二是其细致和讲究的程度叫人吃惊，这真的是 2200 年前的技术水准？

当年作为知青下乡，正逢农业"学大寨"，时不时也搞水利建设，那时的高举高打粗放粗作，现在想想都脸红。年年马马虎虎地挖渠，年年淤积坍塌，"与天奋斗""与地奋斗"的口号喊得山响，却斗得毫无技术含量，难道一度我们都退化为猿人了？眼前的水利工程真可谓精品杰作，由铧嘴，到大、小天平坝，再到斗门、水涵、堰坝等，每一个细部和细部之间的组合都环环相扣，使得工程的整体构想能得到具体的落实。单说那起缓冲和分水作用的石砌铧嘴，就向上游方向延伸出百把米，可谓千年大计，已经把日后多少年水流的冲刷和淤积造成的损害预计在内了，所以到了清代重新疏浚修缮时，将铧嘴长长的前部废弃，剩下的部分，一点不影响分水的效果。与铧嘴相衔接的是作为拦河坝的大、小天平，它们既蓄水又分水，因此大小天平坝的夹角成 108 度的斜势，以减少迎面来水的压力。坝体各部分所用的石灰岩条石、鱼鳞石和混黏土砂卵石也各有讲究，所谓鱼鳞石就是将石条几近直立地嵌入式排列，故立面呈鱼鳞状，以应对日积月累的水力冲击，条石与条石之间还有石榫铆定。条石与鱼鳞石之间以掺有桐油的胶结物黏合，坚固异常。不仅仅坚固，还有灵巧和便利，在灵渠河道分布的各座斗门就是便利的见证，这斗门就是所谓船闸，是为船只的通航、蓄水和排水用。尽管所谓斗门的出现，到唐朝才有记载，但是我相信，既然开凿灵渠最初的功用是运兵和粮草，那时就应该会有替代性的船闸，否则通航有困难。

现在应该回过头来说说灵渠的设计者和建造者了。若非史籍记载，简直不敢相信我们的祖先早在公元前几百年就有这等智慧。此人就是史禄，即《史记》中提到的"使监禄凿渠运粮"的那一位。据说在《淮南子》和《汉书》中均有简略的记载。当然关于史禄更详细的情形就不得而知了，甚至他姓什么都存疑，因为"监禄"或"史禄"的头一个字是官职，禄才是本名。不过这不影响后人对其功绩的肯定和赞扬。许多年以后，宋人周去非在其《岭外代答》这本古代地理名著中提起史禄时，双手都竖起大拇指：原话是"岂惟始皇，禄亦人杰矣"。也就是说，有了湘、漓二水，有了史禄，前面所说兴安县"人杰地灵"，这四个字就占全了。

打小受到教育，中国有悠久的历史传统，中华文化博大精深等，初时肃然起敬，但是慢慢地觉着这是阿 Q 式的自夸和自慰，在实际生活中不觉得我们有什么优秀传统，灵渠的存在，表明我们的祖上还真的阔过。只不过那个传统被我们自己搞丢了，是我们后人的鄙陋拖累了先人。回想起五六十年代所宣传的一些大的建设工程，基本上都是强调"革命加拼命"的，再加上自己在黑龙江兵团农场的务农经历，以至于给我的错觉与印象，在我们传统的生产劳动中，从来就不怎么讲究技术含量，基本靠天吃饭再加人海战术，此乃大谬矣！历史的嘲弄再加吾辈无知，使我忽略了中国历史上的优秀科技人才和能工巧匠所做出的贡献。

当然我清楚，史禄并非奇人，灵渠亦非奇迹。灵渠在那个时代的出现，虽然代表了当时华夏民族的治水水准和高度，却不是绝无仅有。不往远处说，更不必上溯大禹治水，光是在秦朝那短短的半个世纪里，就先后建造了三大水利工程，这就是公元前251年建成的都江堰，公元前236年完工的郑国渠（此郑国非春秋战国之郑国，而是韩国的水利专家，姓郑名国），然后就是灵渠，通航于公元前214年。说起来灵渠还是最晚建成的，所以有人演绎，史禄早年参与了郑国渠的建设，是从郑国渠的开凿中积累了丰富的经验，也有人说，史禄是郑国的弟子，被派往岭南修渠。应该说以上演绎都有其合理性。一是因为从年代上说，郑国渠与灵渠相对近一些，另外关于郑国渠的故事和种种传说极富戏剧性和传奇色彩，拍几十集电视剧绰绰有余，因此各种附会自然多多。

三

郑国何许人也？他是韩国的水利专家兼土木工程师。不过我以为他也是一位高明的说客。最早的史书有那么一段记载，直接可以用作《战国疑云》一类谍战剧的梗概：

韩闻秦之好兴事，欲罢之，毋令东伐，及使水工郑国间说秦，令凿泾水自中山西邸瓠口渠，并北山东注洛三百余里，欲以溉田。中作而觉，秦欲杀郑国。郑国曰："始臣为间，然渠成亦秦之利也。"秦以为然，卒使就渠。渠就，用注填阏之水，溉泽卤之地四万余顷，收皆亩一钟。于是关中为沃野，无凶年，秦以富强，卒并诸侯，因名曰郑国渠。（《史记·河渠书》）

太史公就是太史公，短短百多言，就将这么重大的水利工程、历史事件及其中的曲折交代清楚了。郑国劝说秦国修渠，乃施展"疲秦"之计，以消耗秦国的国力，使其抽不出身来伐韩，结果想不到此渠修成后，借灌溉之利，秦越发强大，不到十五年工夫就并吞了六国。自此改变了中国的历史走向。那郑国也是胆识过人，计谋败露之际，仍能说服秦王继续完成其水利工程，而且事成之后，居然还能以他的姓名冠名，也算是千古绝唱。因为从最原始的大禹治水到今天的三峡水库，但凡有耳闻的大的水利工程，还真没有以个人名字来命名的。由此看来，当时的秦王（仅限于当时）也算是尊重知识、尊重人才的。

郑国渠开通，引泾水入洛水，横跨三百余里，灌浇关中平原，同时将泾水夹带的泥沙携入下游，改善了下游一带的盐碱地，可谓造福万方。如今郑国渠的完整原貌已不复寻觅，因为该渠年久失修，故道倾圮，所以这两年，泾阳等地在搞郑国渠国家遗址公园的开发项目。

至于当年开渠的种种科技创新如能有所还原，当属世界水利科技史上值得秉笔书写的章节。据说郑国渠的奥妙在于其"横绝"技术，该渠一路向东，途中要横跨若干条河流，要处理和应对不同的水文和地理难题。而该渠既能把河水揽入渠中，增加下游的供水量，又能妥善地解决泥沙淤积的问题，可谓绝活。郑国治水的具体思路和技法是否流传于后世？关中平原2000年以来，前前后后的水利建设是否受益于郑国？当初那么伟大的水利工程怎么就没有得到修复和保存？或者说郑国渠在修建之初就有某种暗疾，所以后人改弦更张，另辟蹊径？这一切当然需要有关专家或专项研究人员来回答。总之在那时，此渠一开，黄金万两，不仅没有达到"疲秦"的目的，反而加快了秦统一六国的步伐。

今天我们只能相信郑国是身怀绝技，否则秦王不杀他已经是皇恩浩荡，何必还继续让他总管作业？只是郑国的那一套治水本领是独出机杼还是有所借鉴、有所继承，倒是值得追问。我以为郑国有才华是一方面，但是那时的大环境造就科技人才也是一方面，所谓形势比人强。那时候一说起治水，就像今天人们说起建设互联网，没有人能够抗拒，也因此郑国一游说，秦王立马点头同意，丝毫不怀疑郑国的动机，并投入了大量的人力物力（也有说法，那时秦王尚年幼，是吕不韦当政，接纳了郑国的开渠建议）。即便数年后经人告发，郑国的"用间"身份坐实，秦王出于强国富农的愿望，仍未改变初衷。反过来，韩国上下觉得能以此法来说动秦国，也说明兴修水利以利农桑是当时的"普世价值"。

其实中国是农耕社会，向来关注水利技术方面的建设，水利是农业的命脉。不仅华夏历史的开篇就是大禹治水，中国历史上第一次大的生产技术方面的路线和观念之争，就是治水到底是用堵的方式好呢，还是疏导的方式更有效。再往下，《史记》有《河渠书》，《汉书》有《沟洫志》，三国至北魏有《水经》和《水经注》，《宋史》《金史》《元史》《明史》等也都有河渠志，以记录水系变化，水利建设方面的作业和成就。由此，河清海晏也成了太平盛世的代名词。

回过来说，秦王朝正是由于此前在水利建设上尝到了甜头，所以才对开凿郑国渠如此热衷，据传一下子派出十来万人工，搞得轰轰烈烈。这所谓甜头，就不能不说说蜀地的都江堰。

四

在秦代的三大水利工程中，都江堰最为巧夺天工。

如果说遇见灵渠颇感意外，那么当初劈面都江堰对我来说是强烈的震撼。若说郑国渠和灵渠等的开凿，从整体上表明了中国古代的水利科技水平所达到的高度的话，那么都江堰的出现绝对是奇迹，即便以今天的眼光来看，都江堰无论在总体构思、设计上的精妙合理，还是在最后实施过程的浑然天成上，都堪称无与伦比。说它是奇迹还有另一个理由，这是迄今为止我们能亲见的，体现中华民族早期智慧的最铁定的证物。如今古籍上记载的许多辉煌的科技发明，均不见踪影，如晚于此两百多年的汉代，有张衡制造的浑天仪和地动仪，如今在哪里？再往下，诸葛亮的木牛流马又在哪里？今天关于这些记载都不过是传说，几近于神话。连治水的大禹都可能是神话（顾颉刚认为，大禹到底是神话故事人君化，还是初民时期的人君神话化尚可讨论，当然他倾向于前者），盖因除了《尚书·大禹谟》《尚书·禹贡》等文献，没有太可信的证物。而《尚书·禹贡》中又将禹描绘成无所不能的伟人，在他的亲力亲为下，立马天下大治，做到了"九州攸同，四隩既宅，九山刊旅，九川涤源，九泽既陂，四海会同。六府孔修，庶土交征，厎慎财赋，咸则三壤，成赋中邦。锡土姓。祗台德先，不距朕行"。事情往往是过犹不及，这样一来大禹不是神也是神了。所以尽管全国的大禹庙有五六处之多，但都只能作民间信仰和民风民俗观。恰恰都江堰幸存下来了，跨越千年，屹立不倒，连地震都难以撼动。

都江堰是李冰父子所为，尽人皆知。可惜李冰是哪里人却无考。公元前316年，秦惠文王征服巴蜀之地，成都平原及周边自此就成了秦王朝的一个郡。公元前256年，李冰被任命为蜀郡太守，开凿都江堰，成一代伟业。我之所以关注李冰是何方神圣，是好奇他的治水技术承传于何人？比如祖上与魏国的西门豹有什么关系，或者像大禹一样，父亲也是水利专家，得之于家传？当然不管他受何种恩泽和培养，李冰本人无疑是治水的天才。仅在任六年，就将成都平原治理得风调雨顺，遂有了"天府之国"的美名。

都江堰水利工程之妙，在于无坝拦水分水。面对上游岷江的汹涌来水，前有鱼嘴分水，后有凿开的玉垒山（呈宝瓶口状）引水，在鱼嘴和宝瓶口之间又有飞沙堰可再度分洪。在宝瓶口下方还有数条河流引水，这一切均形成了十分完美的组合，自此从岷山山脉飞奔而下的岷江，在鱼嘴处被分成内江和外江，原先岷江的故道成为外江，从成都平原西侧南下，直奔长江。而经宝瓶口流向成都方向的即为内江。内外江分水的比例是四六，既能分洪，还能合理地分配水资源，满足了岷江下游农田灌溉的需要。

都说中国古人讲究"天人合一"，都江堰就是"天人合一"的典范。李冰父子在全部的工程中没有筑过横截江流的堤坝，分水或引水一切均顺势而为。故晋人常璩在《华阳国志》中引用古书的说法，极赞都江堰，"水旱从人，不知饥馑，时无荒年，天下谓之天府也"。这"水旱从人"之说，就有天人合一的意味在。当然再完美的水利工程也不是一劳永逸的，需要不断地维护。都江堰就有岁修制度来维护，还有"深淘滩，低作堰"的信条和规则要遵守。这许多细节听起来有点复杂，倒是不难理解，只是叙说起来，不那么直观。许多人慕名而游览都江堰，早有充分心理准备，一旦亲临，还是会被折服，这难道是两千两百年前的杰作吗？真是我们爷爷的爷爷的爷爷……那辈人留下的？万般神奇呀！若说中国只有一个都江堰，可以看成是天降奇迹，是上苍对川人的眷顾和偏爱。然而仅仅半个世纪的工夫，我们的祖先就拥有都江堰、郑国渠和灵渠这三大水利工程，表明在这片广袤的土地上的住民曾有以下的优秀品质：勤劳、勇敢、重实干，有创造力又有科学精神。无疑，以往对中华民族的一切赞语应该都成立！

李冰治水有功造福四方，百姓纪念他，自然是立祠又塑像。他也难免会被传奇化和神话化。李白《蜀道难》有云："蚕丛及鱼凫，开国何茫然。"于是李冰就成了蚕丛和鱼凫的后人，不仅本乡本土化，而且家世背景也大有来头。在时间的发酵过程中，慢慢地李冰有了呼风唤雨的能力，也有降龙捉怪的本领，更有人认为，那位武功可以媲美孙悟空的二郎神，其原型可能就是李冰之子李二郎。

宋人黄休复笔记《茅亭客话卷第一》中有类似这方面的记载：

蜀困水难，至于白灶生蛙，人罹垫溺且久矣。公以道法役使鬼神，擒捕水怪，因是壅止泛浪，凿山离堆，辟沫水于南北为二江，灌溉彭、汉、蜀之三郡沃田亿万顷。仍作三石人以誓江水，曰："俾后万祀，水之盈缩，竭不至足，盛不没肩。"又作石犀五，所以厌水物。于是蜀为陆海，无水潦之虞，万井富实，功德不泯，至今赖之，咸云："理水之功，可与禹偕也，不有是绩，民其鱼乎?"每临江湃,皆立祠宇焉。

但是无论怎样神话化,都没有人把李冰当成纯粹的神话人物,盖因都江堰的存在,证明李冰是实实在在的一个历史人物,同时也表明在李冰那个时期,华夏民族已经有了相当高的科技水平和治水能力,且领先于全球。

五

这里,必须说说笔者的一个猜想,也可以说是关于"李约瑟猜想"的猜想。

所谓"李约瑟猜想"又称"李约瑟之问"。20世纪50年代出版的《中国科学技术史》的第一卷序言中,这位著名的科技史专家曾经这样写道:

广义地说,中国的科学为什么持续停留在经验阶段,并且只有原始型的或中古型的理论?如果事情确实是这样,那么在科学技术发明的许多重要方面,中国人又怎样成功地走在那些创造出著名"希腊奇迹"的传奇式人物的前面,和拥有古代西方世界全部文化财富的阿拉伯人并驾齐驱,并在3—13世纪之间保持一个西方文明所望尘莫及的科学知识水平?中国在理论和几何学方法体系方面所存在的弱点,为什么并没有妨碍各种科学发现和技术发明的涌现?中国的这些发明和发现往往远远超过同时代的欧洲，特别是在15世纪之前更是如此（关于这一点可以毫不费力地加以证明）。欧洲在16世纪以后诞生了近代科学，这种科学已被证明是形成近代世界秩序的基础之一，而中国文明却未能在亚洲产生与此相似的近代科学，其阻碍的因素是什么？另一方面，又是什么因素使得科学在中国早期社会中比在希腊或欧洲中古社会中更容易得到应用？最后，为什么中国在科学理论方面虽然比较落后，但却能产生出有机的自然观？这种自然观虽然在不同的学派那里有不同形式的解释，但它和近代科学经过机械唯物论统治三个世纪之后被迫采纳的自然观非常相似。

以上这段思考包含着多重角度和含义，但是后来国人将李约瑟之问做了最扼要的概括，简言之就是中国古代科学技术十分灿烂辉煌，为什么近代科学革命没有在这块土地上发生？其实在40年代，初次来访中国之前一年，李约瑟受到《自然》杂志和英国广播公司的节目邀请，所想讨论的问题之一就是中国的科学从整体上讲为什么"从来就不发达"。注意！他那时说的是"从来就不发达"，而不是后来所说的"在3—13世纪之间保持一个西方所望尘莫及的科学知识水平"，只是到近代，科学技术才落后。

是什么促使他改变了这一看法？都江堰！

当然，这是笔者关于李约瑟猜想的揣测。20世纪90

年代，笔者第一次游览都江堰。突然就想到了李约瑟，此前并无翻看过他的著作，只知道他的皇皇巨作《中国科学技术史》有多少大卷，详尽介绍了中华古代科技文明，当时的直觉是这位洋人科学家一定来过都江堰考察，只有来过此地，并亲见如此伟大的水利工程才会对中国古代科技抱有如此的热情。最近起念写此文，查阅相关资料，证实李约瑟在由英国派往中国任文化参赞的第一年的 1943 年，就迫不及待地去了都江堰。当然他原本的目的地是敦煌石窟，由重庆经成都去陇西的途中就劈面相遇了都江堰。都江堰令李约瑟着迷，惊叹不已。据说"它的设计在美学上赏心悦目"，也使这位曾经的剑桥博士、胚胎学专家为之折服。

他甫任中国，就奔敦煌而去，显然是受中国古代灿烂的艺术文化的召唤，或许那时在李约瑟脑海里，中国早期的人文文化发达，科技文化尚不足道。没来中国之前，他对中国的向往是对神秘而遥远的异域文化的向往，不怎么有科学技术方面的概念。我想一定是都江堰等水利工程给他留下难以磨灭的印象，改变了他中国科技"从来就不发达"的看法。因为既然都江堰改变了我这样一个土生土长的中国人的看法，不是从历史书上学会背诵中国古代文明的伟大悠久，而是从实例中收获切实的感受，也一定会改变任何一个外国人的看法。

其实，中国的近现代科技为何不发达，落后于西方？中国的有识之士在李约瑟发问的半个多世纪之前早已自问。这是一个刻骨铭心的、挥之难却的大问号。答案归纳起来虽然不容易，但大致有三个层面还是清楚的，即一是思想文化传统方面的，二是体制和制度层面的，三是民族精神气质和性格特征等。本文不想在各种答案上再增加新的内容，而是想揭示李约瑟之问的背景，同样问这个问题，中国学者或有识之士的目的是找到原因，急于改变中国的落后现状。对于李约瑟，则是想对复杂的文化现象和人类学现象做出自己的解答。据说作为生物化学家的李约瑟与人类学家有很频繁的学术交往，如与玛格丽特·米德等都是好朋友，他刚进入中国的昆明，就给美国这位著名人类学家写信，谈了自己"在中国最初的36小时的印象"，因此有理由认为"李约瑟之问"深受人类学界的影响。

20世纪20—40年代，正是文化人类学大发展的时期，所谓文化人类学，关注的是文化在各民族的建构过程中发挥的作用。因此有关世界文化的多样性、相对性得到了人类学者足够的重视和研究，许多西方学者通过田野调查挑战了西方中心主义和单线进化论，即那种把文化看成历时性的，由落后到先进逐渐递进的单线排列的认识模式。他们认为各民族文化有其各自的合理性，不能把全人类丰富的文化进程作为普遍的统一的历史来对待。当然更不能从现代科技的发展与否来判断人种的优劣。正是在这一大背景下，李约瑟来到抗日战争的中国，肯定了中华文明的伟大，并写下了《中国西南部的科学》《中国西北部的科学与技术》等论文，发表在《自然》杂志上，既从精神上、思想上鼓舞了中国人民的抗日战争，也为其后的《中国科学技术史》的出版打下了坚实的基础。

当然那部伟大的科学技术史是按科学门类分卷的，如果是按历史年代排列，则都江堰、郑国渠、灵渠当为开卷。至今它们还以当年的历史风貌屹立在中国大地上！

2017 年 7 月 23 日

（原载《人民文学》2017 年第 11 期）

去势的儒学与信仰

一

两年前，当张颐武宣称，一万个孔子不如一个章子怡时，引来一片哗然，网络讨伐声此起彼伏，张教授反复申明自己的原意为媒体所误解，但仍然有人不依不饶。

我知道张教授的意思不是在谈论孔子和章子怡在思想文化界的价值孰高孰低，孔子在思想和文化上的历史地位是不言而喻的，作为北大教授这点不会没谱。但是就当今而言，就对外宣传的有效性方面，孔子的绩效恐怕不尽如人意。其时，章的大幅照片刊登在《时代》杂志的封面上，章的电影《十面埋伏》《艺伎回忆录》和广告等也红遍全球。我也以为张教授的话有些道理，实践是检验真理的标准嘛！要不孔子怎么就上不了《时代》的封面。不料，才一年工夫，形势陡转，孔子和他的《论语》迅速蹿红，这回红的不光是孔子一人，也有于丹，或者干脆说，就是因为于丹。某种意义上说，是"唯女子与小人为难养也"的"女子"于丹，捧红了孔子，一起上了各种杂志的封面，风光无限。

当然公平一点说，这回的红，是孔子和于丹互为媒介。孔子因于丹而焕发青春，于丹缘孔子而大红大紫。跟着，与《论语》有关的十几本著作和注释本也一起畅销，走进书店，《论语》书籍独自作为第一方阵，摆在最显眼的位置，蔚为壮观。其实作为常销书，杨伯峻的《论语译注》和钱穆的《论语新解》本来就卖得不错，现在也裹在一起，竟然有点借光的意思，钱、杨两位先生地下有知，不知会做何感想。借光往往是"互相"的，按现在的时髦说法是"双赢"，但是不管谁借谁的光，孔子的光芒终究要比其他人长久一些。

想想也是，孔子他老人家已经红了两千来年，尽管"五四"以来，有人把封建社会的账全部算到他一人身上，那也是因为他太走红的缘故，千百年来朝代更替、皇冠跌落，孔子却不受影响，屹立百代，德配太庙，有"素王"之称，所以对封建社会的苟延残喘似乎多少得负点责任。时髦的说法是儒学充当了封建专制制度的"社会水泥"。当时，岂止是打倒孔家店，好像传统文化统统的不行，是糟粕，一律打倒。凡事矫枉过正，若是过大发了，还会反弹回来，孔子和儒学亦如此，批林批孔时跌到了谷底，"孔子名高实糠，《十批》不是好文章"，连带着捎上了郭沫若。中国两千年的历史也简化成儒法斗争史，法家是历史前进的推手，儒学则是当车的螳螂、撼树的蚍蜉。

然而否极泰来，在 20 世纪 80 年代后期，儒学开始复苏、升温，得到全社会关注。尽管在改革开放的思想系谱里，没孔子什么事儿，但是，这些都不妨碍他老人家抖尽身上的污水，重新回到了原先的牌位上。说改革开放与他无关，也不能太绝对了。他老人家早就说过"有朋自远方来，不亦乐乎"，只是这回开门请的是高鼻子、蓝眼睛的朋友，想来他不一定愿意见，尤其是穿西装让他敏感，当初他对管仲千恩万谢，就是因为这位霸诸侯，一匡天下的齐相，使他免受"被发左衽"之辱。

后来电视台推出孔子也是恰逢其时，就不说为了吸引眼球，单从回应海内外的国学热、读经热、儒学复兴热出发，也应该尝试一下，可以说是社会上的尊孔读经，为电视孔子的复活打下了基础。这里有诸多因素的复合，难以一一厘清，其中就有"为天地立心，为生民立命"的意思在。社会物质财富的积累、生产力的提高并没有给人们带来心的宁静、行的规范，倒是引出一派物欲横流的景象，让志士仁人们莫不忧虑，于是想到为中华民族重建价值核心和信仰系统，还是要树立一个本土的"神"。可见对孔子的重新召唤，不是为了"鸡的屁"（GDP），莫不如说是人们发现，尽管有了"鸡的屁"，还是缺失了某种精神，所以为了稳固国人的精神塔基，必须再造信仰系统。

其实，当年康有为最具大眼光，他曾经提出过"尊孔圣为国教"的建议，理由是东洋西洋均有宗教信仰，唯有泱泱大国的中国没有统一的宗教，恐怕立国无本，进退失据。虽然佛教和道教在中国影响很大，但是均没有儒学来得根基稳固系统，而且以近代的科学眼光来看，宗教是迷信，孔子的学说不是迷信，有理性、有情感、有伦理，是兼顾了"头上灿烂之星空"和"心中道德之律令"的本土话语，何必反求诸他乡。紧跟着康有为还拟定了实施的具体办法，可惜在那兵荒马乱的年头，这一切显得不合时宜。不过和后来蔡元培先生大力倡导美育相比，倒是复兴儒学更容易为国人所接受。

蔡元培先生也是这个意思，以审美教育代替宗教发挥作用。这想法很有创意，受康德的影响，以审美判断来协调认识与伦理、沟通知性与理性，以美育来"陶养情感"，使得知、情、意三者得到均衡发展，满足人性的内在需求。但是太理想化了，要花大力气大成本不说，还要抹去读书人的部分记忆，难度太大。

回过头来说，虽然孔子和于丹互为媒介，共同蹿红，还有一个媒介是断断不能忽略的，那就是电子媒介，没有电视和"百家讲坛"，就没有于丹，也就没有今天的孔子。从最表层的现象看，是电视救了孔子，有那么多儒学复兴者奔走呼号，但是似乎都没有于丹在"百家讲坛"的孔子那么有感召力：那个心灵鸡汤的孔子左右逢源，他每段话说得很短、很精辟，留有充分的发挥余地，很符合电视的再传播；且《论语》中一段话与另一段话之间没有必然的关联，便于选取，即选取和当下语境相对吻合的语录来阐释，并且这一阐释和流畅华丽的口语表述，兼有评书的抑扬顿挫，又有心理治疗功能的娓娓道白两相结合，功效非凡。难怪伊尼斯、麦克卢汉一干人早就强调口头传统来着，认为口头传统具有灵活性，比起书面传统来更加完善，可以避免单一线性思维，可以纠正文明的偏向，使时间偏向和空间偏向互相平衡。他们的见解似乎在中国的"百家讲坛"也得到了部分印证。

而那个周游列国、不受待见的孔子，惶惶如"丧家狗"的孔子，或者李零先生描画的那个孔子，有着自己一整套相对完整的政治与治国主张的孔子，靠着文言和印刷文字流传，还要加大量注释的孔夫子就不怎么受欢迎。当然，就此以为心灵鸡汤的孔子击败了那个济世救国的孔夫子那就错了，时势造英雄，也许若干年后人们还要召唤那位至圣先师，况且两千年来，他老人家从未被固定在一副面孔中。很难说若干年以后，孔子又会是什么新形象，文化的演进路径和媒介的技术的发展说不定会塑造出更加现代化的孔子，例如世界级比较文化大师或者说"交往行动理论"和"符号互动理论"的先驱者等。

孔子当时的世界，天下就是中原列国，孔子的学说就是在文化交流和碰撞的语境中产生，孔子的交通工具是当时最先进的马车，他的语录被记载在竹简和锦帛上，是当时最前卫的书写方式。他周游列国，就好比常上互联网，信息灵通。由于有教无类，收费也低，三千弟子中各国青年留学生均有，是国际性的私家学院，和稍后希腊的雅典学院大概有得一拼。不过孔子教的是六艺——礼、乐、射、御、书、数，人家教的是语法、修辞、逻辑、天文、音乐、数学、几何七科。从实用角度讲，这边要强一些。由于孔子处于中华文明的源头，注定了其形象被不断描摹、添彩、涂抹、修改的命运。当然对孔子及其学说下任何断言，对其历史命运做推测，不过是管窥蠡测而已。

二

　　文化的承传是复杂而多变的，如果由于新媒体和新文化的产生而给某种古老的甚至稍早的文化形态下死亡判决书是轻率的。文化的分类和解析方式也是多样化的，除了听觉／视觉、口头／书面、白话／文言、印刷电子等，我还把它解析为两个层面，符号和话语，符号是排他的，无法兼容，用了中文就不能用西文，有了甲能指就无法同时使用乙能指。话语是兼容的，海纳百川，在一组陈述中可以组合不同的思想和观念。符号的意义差异是共时性的，离开了共时性就无法定位，话语是历时性的，往往是在继承前人的基础上加以丰富和发展的。话语的继承，既有正相关关系，也有反相关关系，例如麦克卢汉的媒介理论对伊尼斯"传播的偏向"就是正相关关系，新自由主义对古典自由主义而言也是正相关关系，而新老自由主义和夹在其间的凯恩斯主义则是反相关关系；新历史主义与克罗齐的思想有正相关关系，而对形式主义和新批评则是反相关关系。荣格的或帕洛阿尔托小组的心理学思想对弗洛伊德的理论既有正相关也有反相关关系。当然无论是正相关关系还是反相关关系，都有承传和某种逻辑在，还有非逻辑的融合和拼贴，后现代话语就是如此，大杂烩。所以20世纪以还，西方无论有什么样的新思想都可以被"中国化"，化得好不好，合理与否是一回事，就话语层面而言，基本是多种思想交汇，古今中外，你中有我，我中有你。领土是有国界的，国界划得不清楚，会产生纠纷和战争。思想和话语是有倾向而没有国界的，在春秋战国时代，诸子百家的思想各有倾向，却并不对应于具体的鲁国、楚国或秦国。自然有人试图将思想和国土对应起来，强调文化的纯洁性或民族性，不管其用意如何，结果总是徒劳的。并不是说不存在文化的民族性，只是说文化的演变不是朝着预先设定的民族性方向前行，这和生物遗传类似，"自然选择"要比人为的干预更有创意，更能出奇制胜。大自然的鬼斧神工也表现在文化方面，如果为了文化的民族特色而对思想和话语进行封锁，不仅不可能发展出辉煌的一乡一土的特色文化，还会适得其反，迅速导致文化的衰落。思想禁锢对文化的繁荣最具杀伤力，文化不是闭门造车的产物，它总是在互相交流、借鉴、吸收和融合中逐渐丰富、深厚、博大，丰富博大也会走向烦琐，烦琐会回归简约，这一过程虽然也可以说是人为的，却是不可规划的，正如不可计划人的情感和思想，不可规划什么时候会有新的发明创造面世一般。

中华文化的发展不可能在拒绝外来文化的基础上达成，或者说中华文化从来是在和外来文化的交流、碰撞中逐渐丰厚博大。外来文化说来抽象，其实蛮具体，战争、移民、传教、通商、留学、翻译、技术交流和文化论争、领土版图的扩大或缩减等，都会引进外来文化。如果不是与军事侵略并存，那么我们只能在隐喻的意义上使用文化侵略这个词。特别是媒介全球化的时代，如果用显微镜来检测文化的肌理，会发现每一条纤维都融合着各种文化因子，成分复杂。因此即便是最古老、最纯正、最本土的文化，也融合着后来的或外来的因子。今天我们无法直接走近古老的文化（甚至包括考古学，因为对出土文物的鉴定和阐释是一门现代学科），我们接触的是经前人一再阐释的，器物和观念混为一体的对象。所谓文化传统，是由经典和经典的阐释话语共同构成的，就如我们面对的《论语》早已不是两千五百年前的竹简木牍，而是经历代圣贤或编撰或注释或转手的论语解读话语。传统文化是流，不是仅仅指源头。传统文化有时也是一种宿命，无论其优劣，后人都无法轻易解脱，而且必然要承受。媒介手段的变化会改变文化的形态，新媒介带来新文化，但是传统文化的内容会浓缩成某种形式（我们有时称之为"精神"）保留下来，当然是"有意味的形式"。讲论语就是一种形式，无论在课堂，还是在电视台，或者在网络博客，均意味着当代人和传统文化有着密不可分的精神联系；至于讲得怎样，那就另当别论。关键是能持续不断地被讲，一代接一代地讲。其实"精神"就是通过形式保存下来的。

三

形式即是媒介,由它通向某种精神和文化,媒介手段和方式同样也是文化。即以电影为例,好莱坞大片是文化产业和产品,而好莱坞电影的制作方式更有拷贝的意义,大资金的运作、大片的生产模式、动漫的运用、市场营销手段的成功等均可以进入课堂的教案,成为文化产业类课程的"内容"。或许为了某种理由,我们可以抵制好莱坞大片,但是不妨碍以好莱坞的运营模式或制作方式来生产大片。即以章子怡为例,她是现代影视制作体制的产物,她的成功只是证明中国电影和演员进入世界市场的成功。输出章子怡没有独特的文化意义,只是应了一句广告词"我能!"。就如中国足球2002年忽然踢进世界杯,表明游戏规则对参与者的认可。好莱坞梦工厂和电视屏幕能生产许多大同小异的章子怡,却无法再造当代孔子,因为孔子是与一个古老的传统结合在一起的。中国的传统丰富、深厚、博大,孔子作为传统的象征有其偶然性,尽管我们现在可以分析出一百条必然性来,但是历史的机遇巧合永远是神秘的,高于人的理性。历史还把孔子和儒学锻造成特定的精神形态,成为中华文化的发动机和生产机器,源源不断地生产出各个时段、各种样本的传统文化来。

以"媒介即讯息"的逻辑推断,媒介方式的变化,新兴媒体的崛起,极大地改变了当代文化的面貌,与此同时,传统文化因其传播手段落后,将被渐渐淘汰,或被挤到一块狭小的空间里，自生自灭。然而历史的轨迹与逻辑的推断往往成悖反之势，新媒体的出现不仅没有遗弃传统文化，反而增加了其产能，书店里有关国学或传统文化的著作铺天盖地，还有电子版和网络版等系列产品，在以往时代，哪见过这阵势？不过，当代传媒相中传统文化这一块，并不是一般意义上的出于弘扬的意愿，站在文化产业的立场上看，孔孟老庄、三坟五典这些都是资源，都潜藏着巨大的市场和无限的商机，都是可以反复加工、重新包装的对象，而传统文化典籍经此一加工包装，也往往变得面目全非，不堪卒读。

新兴媒体和现代影视工业相结合，生产出大大小小的章子怡，其产品的功用和效益比较明显，张颐武教授赞许章子怡就是看上其当下的功用；而孔子的功用和效益，在今天来讲就比较模糊，毕竟考大学不比考科举，《论语》背得不熟，丢不了什么分。另外，儒学也没有了以往思想控制和意识形态方面的利用价值，时过境迁，儒学已明显被去功能化。

去功能化的儒学为什么也能那么火？那是经过上千年的冶炼，滤去功利的杂质，慢慢演变为某种信仰的缘故。

就没有实用价值一点而言，"孔子名高实糠"可谓一语中的。其实当年孔子就"干七十余君，莫能用"。后来孟子也如此，齐威王、梁宣王等向他讨教具体的治国和对付隔壁邻国的方略时，孟子那一番有关仁义的高谈阔论就不解决实际问题，起码是远水不解近渴。按照《史记》的说法："（他）游事齐宣王，宣王不能用。适梁，梁惠王不果所言，则见以为迂远而阔于事情。当是之时，秦用商鞅，楚、魏用吴起，齐用孙子、田忌。天下方务于合从连衡，以攻伐为贤。而孟轲乃述唐、虞、三代之德，是以所如者不合。"合则留，不合则去。也许正是脱离了实用价值，反而容易使其升华，成为一种精神信仰。孟子之所以为孟子，就是他的迂阔，坚守自己的信仰，不苟同于流俗，结果只能回老家与他的徒弟们著书立说去了。至于后学们虚构出的"内圣外王"一套说法，一心想着两头通吃，不仅无可操作性，还有很大的欺骗性。在枪杆子里面出政权的年代，倒是先王后圣更便于付诸实施，是皇帝总会有新衣穿的。

当"四书五经"还是读书人仕途的敲门砖时，当它们还是换取黄金屋、千钟粟和颜如玉的筹码时，不过是一种谋取利益的媒介，而不能成为精神家园。儒学的去功能化，不仅不会导致其衰落，反而还成全了它，即如在日本，在韩国，儒学和治国的关系不那么紧密，反倒是香火绵绵不断。那里的人们也就没有在歪歪斜斜的字里行间看出"吃人"两个字来，糊糊涂涂就马虎过去了，进入现代社会，公民的人格也没因此残损破缺。

"仁义"也罢，"中庸"也罢，作为价值取向，很是高尚，值得普世推广。并不因为某些倡导者的虚伪，就派定相关学说是伪善的，只为专制统治服务等。不过高尚是有条件的，那就是与实用和效益保持距离，非工具化和价值中立。一旦被拖入现实的泥淖，为实用目的服务，作为策略和手段来运用，就会失之偏颇，就会有美美恶恶之辟。只有儒学工具化过程的结束，其内涵的价值理性才会得到进一步开掘，其精神层面的力量才能逐步积聚，成为民族和群体的信仰。再来说说康有为的立孔教为国教的方案之所以无法推行，我以为，主要是那时的儒学还没有去势，这位大成至圣文宣王和现实生活中气势熏天的权贵们似乎有着千丝万缕的联系，仍然有着统治工具的嫌疑，难怪目光如炬的鲁迅和"五四"新青年一代人不答应，革命党人不答应。居然，要不要打倒孔家店，要不要反对各种名头的尊孔读经，成了那时新潮学子和封建余孽的分水岭。

俱往矣，近一个世纪的阻隔，尘埃落定，总算使儒学脱离了统治意识形态，回归自身。因此，感觉上作为中华文化的形象大使，哪怕是作为心灵鸡汤的孔子，都比修齐治平、内圣外王的孔子要可爱。也许这位和蔼慈祥的老人家与十字架上悲天悯人的耶稣是一类人，也许他和柏拉图、亚里士多德是同道，也许孔子就是孔子，无人比肩。只要不当大成至圣文宣王，只要不进入必修课，不靠它拿学分；他只是在校园的绿草坪上优雅地站站、目眺远方，再或者上互联网常常露脸，即便左子怡、右于丹，也是一片和谐图景啊！

（原载《读书》2008 年第 11 期）

图像／图符修辞

如今在网络交流和聊天中，图像／图符语言十分流行，不仅年轻人喜欢运用，中年或老年人，似乎也要学那么两手，图像／图符语言好像网络交流的通行证、资格证，运用得好就证明自己在这方面有造诣。显然，图像／图符表达不是因为表达者苦于不认字，而是为了追求某些效果：生动活泼的效果、时尚的效果，或其他种种效果……由此，本文可以从修辞学角度来探索网络图像／图符。

一

记得在以前曲艺中有那么一个段子，说的是一位女子传书给情郎，女子不识字，只能画画。

她画了两只鸽子、一只鸭子，又画了两只鸽子、一只鸭子，接下来的画面是一头大象，大鼻子上卷着一把刀，砍死了一只鹅。此情书几经辗转，传递者多不解其意。据说正确的解读是，哥哥呀，哥哥呀，想煞我了（鸽鸽鸭，鸽鸽鸭，象杀鹅了）。图像表达就像密码，只有那位情郎能解码。

当然，以上是曲艺家编的段子，其实生活中还真有这类表达。据说高玉宝的入党申请书也是一幅画，画面上有像扑克牌上红桃的❤，有一只带睫毛的眼睛，还有一个人在敲钟，人们也许能想象钟声铛铛。党支部书记虽然看不懂这份申请书，但高玉宝自己能解释，这是"我从心眼里要入党"。画一份入党申请书，当时是不识字的无奈之举，今天看来则充满机趣，别具一格。

在文字没有产生的漫漫长夜中，用图像来指事状物或表达思想观念是难免的，也许可以说是必然的途径，所以人类的文字开始是象形（或图形）文字，中国如此，西方或世界各地均如此。依美国学者沃尔特·翁的说法，有"公元前 3500 年两河流域的楔形文字、公元前 3000 年埃及的象形文字（或许受到楔形文字的影响）、公元前 1200 年弥诺斯或迈锡尼的线性文字、……公元前 1500 年中国人创造的甲骨文、公元 50 年玛雅人创造的象形文字和公元 1400 年阿兹特克人创造的象形文字"（《口语文化与书面文化》，[美]沃尔特·翁著，何道宽译，北京大学出版社 2008 年版，第 65 页）。而在之前，加拿大学者伊尼斯就认为，西方人今天所用的拼音文字是"闪米特人借用了苏美尔人的楔形文字，保留了自己的语言，又在和埃及人接触的过程中改进了文字。……他们改进了的文字把辅音从元音里分离出来。希腊人把这个字母表接过来，使之成为灵活的工具，以适应他们构词灵活的口语传统"（《传播的偏向》第 1 章，[加] 伊尼斯著，何道宽译，中国人民大学出版社 2003 年版）。即西方的拼音文字是由楔形文字和古埃及的象形文字结合，再到古希腊的字母表，由繁至简地演进的。不过自从有了文字之后，再也没有人费劲来画图，再说"画虎不成反类犬"的事情是经常发生的，除非有特殊的约定，否则很有可能一边是传播者挖空心思费尽心机，另一边的接受者则满怀疑惑，甚至茫然不知。

不必列举文字表达的优长之处，相对于图像，它规范、简明、容易掌握、少歧义，另外文字所表达的观念的抽象性决定了它涵盖的丰富性，否则"窗含西岭千秋雪，门泊东吴万里船"要画多少张纸啊！

不过似乎没有多少人研究过这类课题，因为文字是语言，图像不是语言，尽管在人类源头的史前史，图像可能是语言，或者说它曾经就是语言，但是它早就被放逐了，人们不用图像来表达观念和思想。当然我们也可以假设，如果几千年的文明史不是由文字来传承，而是图像表达的历史，人们习惯于用图像来表达思想观念，则会是另一幅景象。

图像虽然不是语言，但是没有人能否认它在传递信息和情感方面有独到的作用，这是文字语言难以取代的。所以只要印制技术可能，人们还是愿意阅读图文并茂的书籍。但是为了理解得准确到位，对于图像最好要做文字说明，可是插图本的书籍，图像和文字属于两个系统，无论是编辑，还是制作、排版，均要分别处理。

如果没有电子语言的出现，很难想象有朝一日，图像／图符可以和文字进入同一个输入系统，即如我此刻所使用的"搜狗拼音输入法"，它在输入汉字的同时，也可输入图像／图符，无须转换输入系统，就可以达到目的。

二

电子语言使得图像／图符进入了文字输入系统，图像／图符成为一种特殊的新型语言。它像文字一般可以书写，却不是文字；它像语言一样可以表达意义，却无法朗读；它像图画，却不劳读解破译，只传达约定俗成的含义。它所传达的内容是建立在已有的语言基础之上，也就是说新型的电子语言以日常语言为解码，如 ☼ 表太阳而不表齿轮，☾ 表月亮而不表鱼钩或镰刀。它仿佛是异体字符（或者称异体词），不能脱离已有的语言系统独立，而是必须依附在日常语言之上。由此电子语言不是一套独立的表意系统，它的表意功能是单个地、偶然地建立起来的，虽然建立它并不复杂，但是，却要等待一定人群的认同，然后推广、流行，才算完成。即便到了某一天，这种异体字符达到了上千万个，它还是依附性的（除非从儿童开始就只教这类字符，这里就不设想这种情景的后果了），也许正是这一依附性，使得它成为年轻一代人很时尚的修辞手段，它的功能主要不是一般地完成表达，而是要更好、更新奇、更有感染力地表达。因此这里不是诧异日新月异的电脑技术如何改变或再造人们的表达方式或语言符号，而是探讨图像／图符作为一种新型的电子语言，它产生了怎样的修辞功用。

1. 拓展了表达空间

图像／图符进入输入系统，作为一种特殊的字符存在，似可以"字符修辞"来命名（姑且杜撰），这是新的修辞途径，拓展了表达空间，因为以往修辞的种种方式和手段都是在语言和词汇的组合中完成的。正是在一次又一次新的组合中，新的句式和词汇系统在不断地扩展，但是基本字符没有什么增加，基本字符是那样的稳固和岿然不动，人们已经很难想象新的字母或新的汉字字符，像武则天那样生生地为自己造一个"曌"字的可能性绝无仅有。现在，图像／图符作为新字符，打开了新的表达空间，居然，不必有武则天的天威和专权，亦可发布新的字符。如人们最熟知的:-)（笑）或:(（不快），据说最初就是由美国的法尔曼教授在1982年发布和使用的，现在已经成为最通用的网络语言而全球流布。当然，今天我们更加精简的表达是:)，它在网络和手机上成为一个最常见的符号，全世界流行，据说2007年人们专门为它庆祝25岁生日，估计没有哪个英文单词或者汉字有这样的待遇。以至2008年11月的某一天傍晚，当人们看到一轮新月的左侧旁有两颗明亮的星星时，马上就联想到了微笑，来自天空的微笑，这仿佛是一个祥瑞，普天同辉，其实只是人们将电子文明书写在太空。

　　一般认为，通过词汇和语义组合的多样性和丰富性来增强表达效果是修辞的正途，不必说人们所熟习的各种修辞格，如比喻、象征、反讽、隐喻、夸饰、借代、转喻、寓托、举偶、拟仿、双关、排比、设问、镶嵌等，就是体现整体立意的段落安排和标点的运用等，也无不可看作修辞手段。扩展开来说，一切有意为之的表达都是修辞。因为修辞所运用的技巧和所取得的效果都是建立在有意图的表述之上的。美国新修辞学的代表人物肯尼斯·伯克从"人是使用象征的动物"这一设定出发，顺理成章地建立起"语言是象征行动"的新修辞学理论（参见《西方修辞学史》第 9、10 章，刘亚猛著，外语教学与研究出版社2008 年版），因此毋庸置疑，在肯尼斯·伯克看来，一切语言都是修辞。他甚至还认为，人类所使用的语言和非语言符号都具有修辞意义。

　　另外，站在解构主义的立场看也如此，即无论是从整体上，还是在具体的陈述中，人们无法将语言截然分成两部分——修辞的和非修辞的。因为通常是为了运用某种修辞手段，整个表述都要为此调整，由此在具体的话语实践中，人们难以确立修辞和非修辞的明确界限，它们理所当然都可归在修辞的名下。当然，人们还可从语用学的角度，即在互动交往中，在具体语境的交流中，而不是在有关的教科书中，深入领会修辞的实践过程和意义，修辞其实渗透在全部的语言交流和人际交往中。

　　但是即便如此，以上这些均无法取代字符的创意表达，因为新字符的出现增加了表达空间的维度，这是电子文化以前人们不可想象的维度。特别是这类新字符是以图像/图符的方式面世，给各种创意表达提供了无限可能性，图像/图符的变化和差异也许远比我们预料的还要丰富、细微、多样，而且它们一旦被创造出来，往往是成系列地涌现（当然是以原有的动画形象为基础）：如"兔斯基"系列、"悠嘻猴"系列，或更年轻一代人所乐意使用的"小破孩"系列、"蜡笔小新"系列、"可爱包子"系列、"绿豆蛙"系列等，我们能想见其中的喧闹和幼稚。也许在这方面，今人和原始人相差无几。相比几千年逐步成熟起来的人类语言和文字，这类创意表达只有不到十年的历史，要求自然不能太苛刻。

2．视觉生动性

图像/图符提高了视觉的生动性，即便某些图像/图符不一定赏心悦目，但是其新异、灵动和形象性却有着难以言说的感染力，并发挥着多重效能。当然这种生动性是有条件的，那就是要有简便的输入法，使得这一切在实行过程中不那么烦琐，便于操作。

人类早期文字是有视觉生动性的，无论是象形、楔形还是线性，但是后来的发展，却朝着相反的方向演进，缩减其形态的生动性，走上实用、规范的路子。特别是拼音文字，几十个字母便解决一切问题。然而即便是拼音文字，当初也有其视觉生动的历史，古埃及的象形文字据说就是兼具表意和表拼音的两种功能，生动而有意趣（当然也给后人的破解出了大大的难题,设置了大大的障碍)。例如古埃及鸭子图形的象形符,既表鸭子,另有"……之子"语义,又可表"sa"这个音(参见《破解古埃及》,[英]莱斯利、罗伊·亚京斯著,黄中宪译,生活·读书·新知三联书店2007年版,第174页)。但是如此形象活泼的文字,后来就慢慢步入了拼音字母的规范,我们可以设想是为了文字传播的速度和效率,为了更加实用的目的,而牺牲了其形象的生动性。

当历史翻到新的一页,当简便有效的输入系统替我们解决了速度和效率等问题时,人们似乎在召回象形字符,也许就是为了其视觉的生动性。

或许这里应该回答视觉的生动性和语义的关系问题,即视觉的生动性对语义的理解产生了什么样的影响?当然,这不是一个可以轻松回答的问题,或者说这不是单凭语言学或修辞学可以回答的问题,不过修辞学的旨归既然是运用表达技巧以获得某种特定的效果,那么从这一立场出发,人们能发现,视觉的生动性其实就承担着修辞功能。它不是由语义的转换、移置、繁衍等来达成,而是通过形象来影响表达或接受心理,以传递感染力。自然,生动性永远是相对的,任何修辞手段的重复使用,都会产生"审美疲劳",但是表达的新途径一旦打开,新的图像/图符即可随时插入,使得符号能指又有了难以预料的多样性。

在各种词典中,语义是给定的,这是语言规范性所要求的，也是语言制度得以确立的基础。但是在人们交往的实践中，语义是变化的和移动的，会增加或衍生新的含义，而图像 / 图符语言由于其形象的生动性，更容易衍生新的含义，即如最简单的图标 :）,可以表微笑、高兴，亦可表满意、得意、赞许、支持等，总之一张笑脸能表达的诸种含义尽在其中。再如囧（或 o（ˊ □ ˋ）o：），可表困窘、汗颜，亦可表无奈和惊恐等。Orz 既表跪下，也表臣服、表拜托、表五体投地等（据说这一图符最初起源于日本，表示一个人受挫，跪倒在地，低着头："天啊，为什么是这样？"形象生动至极，有"悔恨"和"无力回天"之意。但是传到中国时，语义就发生了上述多种变化。该图符还有了"失意体前屈"这一拗口的名谓）。许多在语言文字中已经细分的概念，在图像中又获得了综合的表现，图像 / 图符以能指创意的方式扩充语义，在图像 / 图符中，原有的能指和所指一一对应的局面被打破了，出现了更加复杂有趣的情形。人们会发现图像能指往往是开放性的，所指是待定的，且在使用过程中还将不断演变。当然在日常生活中，在人们平时的语言实践中，能指和所指也并不均衡，正是这不均衡和内在的差异，促进了语言的演进和发展，有时，在书面语表达中往往是能指丰赡，所指贫瘠，即一串能指链所表述的对象往往是同义反复，按拉康的意思，所指往往就是新能指，所以才有所谓的能指链之说。然而，在图像 / 图符的表达中，情况可能会相反，一个能指可以吸纳一系列所指，所指似乎比能指更加活跃。这是图像／图符语言的特质，也许更是人们的生理特质和心理习惯，即视觉比听觉更主动、更活泼。

3. 情感传递

网络图像／图符，主要是用于情感表达，前文所提及的各种图像／图符系列如作为修辞看，可归为情感性修辞。

成熟的语言有多种功能，叙事状物、传递情感、表达思想或理念，但是网络图像／图符目前基本囿于情感范畴，既然它无法表述复杂的观念，深邃的思想，或展示思辨过程，那么只能在情感表达方面大显身手。这有点类似于人际交流中的体态语言，起辅助性作用，这类辅助性语言适于表达情感，加强情感的强度和表现力。一方面情感是复杂的、流动的、难以名状，不会满足于固有的表达模式，新鲜的能指就像新鲜的面孔，会带来新鲜的刺激，新鲜的刺激能滋生新的意义，使得情感表达在各个向度上更加深化，无论从细腻入微，还是从深度广度方向上均如此。

另一方面，情感表达不惧重复，好比诗歌前的起兴和结尾处的回环，重重叠叠，更能增加韵味。就如常见的在感叹文字的收煞处，连续几个！！！，也能强化效果。不能想象在一段叙事或论说文章中，同样的文字可以重复两次。亦即只有在情感表达方面可以有如此特许，这一现象给情感性修辞提供了无限的空间，也使图像／图符在这里大有用武之地，即它可以任意挥洒，不拘泥于重复。再则，同一种情感由不同的符号能指反复传递时，在意蕴上已经有了变化。

情感传递往往凸显的是倾向性。而倾向性有利于运用图像／图符表达，或者说图像／图符在表达情感倾向方面更游刃有余。无论从视觉直觉或视觉隐喻的角度讲，图像总是比文字更有感染力，例如面对 (ˆ‿ˆ) 或 (⊙ ＿ ⊙ ?)，甚至更直观的表情包等，人们总是能首先感受其表达的情绪倾向和冲击力。网络图像／图符中大量地运用脸部表情或体态行为，拟人的或拟动物的（拟动物说到底还是以人为原型），就是为了更好地满足倾向性的情感表达。有时在具体的语境中，倾向只有对立的两种，如支持或反对，赞许或厌恶……鲜明而单一，又生动活泼，这就是年轻人更愿意使用图像／图符来表情的缘故。

或许可以说，任何大段的客观陈述或多或少都带有感情色彩，任何话语都带有倾向性，然而作为网络用语的图像／图符，似注定只能在一块狭小的情感领域中发挥作用，仅仅是聊胜于无而已。另外，其幼稚而鲜明、活泼而喧闹的形态，似乎也阻碍了它向纵深的发展，至少目前人们还难以预见新电子文明在这方面的前景。不过如果我们认识到图像／图符不是取代已有的成熟的语言，它只是打开了直观而感悟的新领域，就应该为之感到欣慰。因为它毕竟在图像／图符和观念之间建立起另一通道。大大拓展了情感表达的空间。

三

今天的电子语言是全球性的，超越民族语言。

当然，由今天电子语言的全球性，人们会联想到世界语，世界语由波兰医生柴门霍夫于 1887 年创立至今有一百多年的历史，但是由于没有固定的地域社区和使用人群，它只是一种辅助性语言。与今天的电子语言相比，世界语有它的优点，它是预先设定的，系统严密，并且以某种古老的语言为基础（如借助拉丁语字母和印欧语系的某些规则），因而是相对规范的。而电子语言不是某个先知在书房里精心研制并由权威机构发布的。它是大众即兴交流的产物，它没有系统，更谈不上什么规范，所使用的"字符"与各民族成熟的语言无关，它是在当下的网络语境中逐步发明、发布而建立起来的，并在现实的交流中得到承认和接受，并逐渐流布的，这倒也符合肯尼斯·伯克的新修辞学"认同"理论，而不是那古老的修辞"说服"传统。亦即，肯尼斯·伯克认为，"只有当我们认同于这个人的言谈方式时，我们才能说动他。通过奉承进行说服虽说只不过是一般意义上的说服的一个特例，但是我们却可以完全放心地将它当作一个范式。通过有系统地扩展它的意义，我们可以窥探到它背后隐藏着的使我们得以实现认同或达致'一体'（consubstantiality）的各个条件。通过遵从受众的'意见'，我们就能显露出和他们一体的'征象'（signs）。

例如，演说者为了赢取受众的善意就必须显露出［为受众所认同的］性格征象"（《西方修辞学史》，刘亚猛著，第 345—346 页）。

网络上流行的图像／图符语言不仅是广泛认同的结晶，而且还是新一代使用者积极参与的产物。自然，这种新电子语言不是依照所谓的历史规律，向着越来越简约的方向演进。某种意义上，倒是返回到最古老的象形表达，尝试着以直观和感悟的方式，沟通人际，交流情感。这似在表明文化的演进永远不可能是直线的。

由图像／图符所转换而来的新字符超越了民族语言的界限，作为一种新生的语言（或只能称之为辅助语言或语言因素），它有更加广泛的使用范围和交流对象。然而，目前这只是一种浅表的语言，只能表达某些情绪、倾向和基本的欲求，无法承担更加复杂丰富，更加深刻细微的表达。这不是出于逻辑和理性的必然，而是出于历史机遇，就如古埃及的象形文字走向拼音字母，而华夏大地上的象形文字演进为表意的方块字，各有其文明的演化路径。之所以这类语言无法达成更加深入的交流，是因为图像／图符和人们由语言文字发展起来的观念尚未建立起稳固的联系。丰富的思想也罢，深邃的观念也罢，严密的逻辑也罢，它们都是具体的文字语言运用的某种结果，亦即人类思想的深刻性、复杂性、丰富性、抽象性是在语言表达的互动过程中建立起来的，是和具体的语言的历史紧密交织在一起的，以符号的积淀为前提的。而图像／图符原始表达的历史早已中断，被文字社会和印刷文明所取代，人们已经无法再续前缘，只能在全新的语境中，借助于新电子媒介，开辟新的功用途径，并促成人类语言朝着更具开放性的方向前行。

（原载《文艺研究》2009 年第 10 期）

今夜星光灿烂
——身披屏幕的新一代

写下这个题目时，我联想到的不是金鸡奖、百花奖的颁奖大会，或好莱坞的几十届盛典，而是想到了前些日子看的"达人秀"和央视的"星光大道"，想到千千万万做着明星梦的年轻人。

无论是大众文化最热情的歌颂者、拥抱者，还是其最严厉的批判者，在电视选秀节目产生之前，都不会料到文化工业和电子技术相结合，会有如此的创造力。能从任何一个娱乐节目中制造成批的明星，它不仅能满足一部分人的明星梦，过过明星瘾，还能将扮演明星作为一种持续不断的游戏推出，使得每星期都有明星推出，使得造星成为日常文化的一个不可缺少的组成部分。

明星一直是大众文化中最瞩目的焦点，光芒四射，明星在大众文化和电子文化中的作用，有点像典型在文学作品中的地位。记得当年讨论文学作品，会在人物塑造典型不典型这个问题上纠缠不休。其实，再典型的文学人物都是躺倒在纸面上的，明星则是站立在银幕上的。有时，一部故事平平的电影，有了大明星，就有了质量的保证，或者说观众就有了保证。

英国的学者理查德·戴尔在多年前写了一部学术专著《明星》，似乎就有了明星学或明星研究这档子学问。书中概括了有关电影明星的社会学和符号学的诸种研究视角，对我们颇有启示意义。当然，明星更可以归于神话学的范畴，这是大规模的文化工业、现代传媒、金融资本主义这三者合谋生产的现代神话，在这一神话中，"明星制是它们制造出来的第一批产品"。

所以，以下的说法有助于人们加深对明星现象的认识，如：明星是"无权势的精英"——"他们的制度性权力十分有限，或者说不存在，不过他们的行为和生活方式都会引起相当大，有时甚至是极大的兴趣"；明星是"虚构事件"，因为"明星看上去充满意义，但实际上空无意义"；"明星是这样一种映象，公众从中揣摩以调整自己的形象……一个国家的社会史可以用该国的电影明星书写出来"；等等。

就我本人，更感兴趣的是《明星》一书中所提及的媒介学立场，即认为是特写镜头创造了电影明星，特写不仅是"无声的独白"，还能将明星从一群演艺人中凸显出来，以亚历山大·沃克的说法："在摄影机贴近到足以摄下表演者的个人特征之前，电影明星一直不能从舞台演员群体中脱颖而出，而特写镜头正是摆脱的第一步……它把表演者同周围隔离开来，把观众的目光集中于表演者的容貌和个人特征，而且有时候几乎同他或她的表演才华毫无关系。这应该是突破舞台传统的决定性一步，是构筑艺人独创性的最有潜势的手段，也是观众和电影演员两者的情感在心理上互相交流的开始。"（《明星》第一章，［英］理查德·戴尔著，严敏译，北京大学出版社 2010 年版）

戴尔研究的是银幕上的明星，培育一位电影明星，无论从经济成本还是从时间成本看都是昂贵的，一个明星的成长有漫长的过程，还要有天赋和种种机缘。当然还有更为紧要的前提，即明星必须扮演某个角色，借角色而成名，如扮演埃及艳后、扮演安娜·卡列尼娜或特工"007"等。只有作为成功的角色的明星，才能成为生活中的明星。这个前提常常被人们所忽略。

自从有了电视，情形有了难以料想的变化，明星的概念也大大泛化。一方面从明星生产的角度看，周期更短，速度更快，一部电视连续剧，可以使演员每天晚上出镜，抵得上十来部电影；另一方面，即更关键之点是有了电视和网络，明星不一定需要借助角色成名，明星可以扮演自身，就像电视主持人。明星主持人就是扮演自身，成为电视文化中最不可缺席的关键。再例如，一个体育健将能否成为明星，也不完全是因为夺冠（当然出色的成绩是基本保证），还取决于他或她在镜头前的表演能力，当然也是扮演自身，姚明扮演姚明，刘翔扮演刘翔。亦即当明星不一定需要借助于外在的角色，可以直接登场，以明星自身的名义登场。由此，电视不仅生产了演艺明星，还生产体育明星、演讲明星，还有大众明星。到了大众明星秀这一步，明星已经不是遥不可及，他（她）们早已摘下神秘的面纱，成为邻家男孩和女孩。当看电视成为日常生活的一部分，明星就是日常生活的一部分。既然明星不一定要扮演某一个角色，也就不必虚构一个很复杂的故事，又是脚本又是改编，再套着七曲八弯的情节。这一切统统从简，不需要编剧，也不需要导演，故事片意义上的"音乐"和"服化道"也免了。当这一切步骤都省却时，明星的门槛大大降低，明星的大门洞然敞开。

笔者多年前曾在文章中提及，明星是社会流行趣味的代表，这种流行趣味不是由哪一位才趣卓著的人物独自创造出来的，不是由麦当娜、迈克尔·杰克逊、伊丽莎白·泰勒、玛丽莲·梦露或球星马拉多纳、迈克尔·乔丹等仅仅依靠自身的才华酿成的，而是由商业文明和大众传媒合谋并通过明星自觉和不自觉的配合，共同创造的。以传统的眼光看，明星们所代表的文化是一种怪胎，没有根基、没有来历、不成系统、不成气候，一切都是组装的、拼凑的、即兴的，以随心所欲代替了精心构思，现买现卖代替了积年陈货。殊不知，这就是当代电子文化的特征。当代电子文化是以多胜少的文化（例如不断地翻拍文学名著，甚至以电视连续剧翻拍电影），当代文化的辉煌是工业文明的辉煌，是物质生产技术文明的辉煌，而这些辉煌的替身或者说集合点就是明星。

明星是流行趣味的代表，大众仰望明星，大众在此岸，而明星在彼岸。从此岸到彼岸应该有一段漫长的距离，跨越这一距离，需要付出很大的努力，还要机缘凑巧。但是陡然间，随着电子媒介技术进一步发展，通过电视娱乐节目，大众能直接参与明星生产，自己当明星，他们参加各类选秀节目，哪怕是只当十五分钟的明星。明星秀成为一种社会风潮，不但青年人跃跃欲试，连成年人和儿童也加入到这一浪潮中，势头汹涌。一旦明星不需要以扮演什么角色为条件，那就星途坦荡，真正所谓星光大道，而且是条条大道通明星。特别是有了网络视频，人们不一定要上电视节目才能当明星，也用不着任何资格审查才能踏上明星之路，只需将自己制作的视频制品拿到网络上传播，就有成功的可能，这大大增加了当明星的概率。明星而不必扮演故事片中的角色，似乎也印证了那个符号化的后现代理论，这一理论认为，在后现代主义阶段，符号内在的有机逻辑被打破，符号的"能指"和"所指"相分离，语言的意义被从中剥离并"搁置在一旁"，因为在后现代主义语境中，一个能指并不指向对应的所指（可以理解为表演者不扮演特定的外在的角色），能指只表达能指自身，并形成自足的能指链（《晚期资本主义的文化逻辑》，詹明信著，生活·读书·新知三联书店 1997 年版，第 285—286 页）。也难怪，当年麦克卢汉在对比电影和电视时会说："看电影时，你坐在那儿看银幕，你就是摄影机的镜头。看电视时，你则是电视屏幕。……看电影的时候，你向外进入世界，看电视的时候，你向内进入自己。"（《麦克卢汉精粹》，［加］埃里克·麦克卢汉著，何道宽译，南京大学出版社 2000 年版，第 441 页）正是电视和网络的出现，使影像电子文化成为日常生活最主要的组成部分，并和日常生活场景紧紧地交织在一起，深深地镶嵌在我们的情感和记忆中。就像今天的孩子在若干年后会发现，自己的童年生活早已被细心的父母记录在各类摄像和视频中，自己早就充当了家庭生活的小明星，潇洒地生活在大人们的摄像镜头和屏幕里。而所谓童年记忆不完全是在脑海深处，也存放在电脑和各类数据盘中。

半个多世纪以前，加拿大学者伊尼斯将人类的文明划分为口头传统和书面传统两大类别，他认为人类文明的进展依据媒介的材质，有空间偏向和时间偏向，如口头传播具有时间偏向，书面传播具有空间偏向。当然同样是书面传播，石刻和泥板文字因其坚固，有时间偏向，而莎草纸因其轻巧、便于运输则有空间偏向。但是，就伊尼斯本人而言，是推崇口头传统的（当然他强调的是古希腊的口头传统），他认为口头传统可以平衡这两种偏向，而书面传统则是一种歧途，割裂了文化的完整性。伊尼斯有关文明偏向的论述，既是天才的，同时也是矛盾百出的，不过，这些矛盾会引导人们进行更加深入的探讨（这里可以对比波茨曼的观点，颇为有趣。与伊尼斯褒扬口头传统，批评书面传统相反，身处电子时代的波茨曼褒扬的是印刷文化和书面文化，抨击电视文化，他不仅批评电视导致无所不在的娱乐化倾向，还指出了电视文化会把人们引向"一个没有连续性、没有意义的世界"，其批判精神对沉湎于当下电子文化的一代人有警示作用）。

伊尼斯没有来得及归纳影像文化，在某种程度上，影像文化似乎是口头传统的回归，或者说是口头传统和书面传统的结合。其实，无论口头传统还是书面传统远远不能涵盖电子文化，毋宁说这是开启了镜头下文化的新路径——影像叙事路径。

影像叙事文化，多个因素并存，很难归类为某种单一的语言，比如归为视觉语言，归为图像语言。因为它显然不同于单纯的视觉语言或图像语言，如绘画或摄影图片等。影像所提供的内容要庞杂得多，不可能如绘画和摄影，只经由艺术家个人的提炼加工而成，是单方面制作而成的。影像叙事文化是多方面互动的产物，有点像时下的演唱会，编导们只能把握大的进程，歌星和观众的现场热烈互动是无法预先设计的。

新一代人在镜头前的表演（或表达能力）显然要好于他们的父辈，这是由于他们从小受电视文化熏陶的缘故。他们的童年生活和电视联系在一起，主动或被动看电视，电视对他们的影响潜移默化地渗透到行为之中，由此读解镜头语言的能力超越于他们的前辈，或者说他们对于电视机或摄像机所传递的信息有更丰富、更到位的理解，因此也有相应的表现或表达能力和更容易被激起的充当明星的欲望。

影像文化的雅俗不仅仅是表演者个人素质的体现，还有大量的技术因素和总体氛围在起作用，这些技术语言也是今天的时代语言，它们复合地共组在同一语境中，形成主导意蕴。与数千年深厚积累的书面文化相比，仅仅百来年建立起来的影像文化是肤浅的、直观的、表面的。然而其不可阻挡的势头不会永远停留在肤浅的层面，影像文化所传递的内容、意蕴及其波茨曼所看重的"连续性"和"意义世界"，或许需要在电子媒介环境中慢慢积累，并在各种传统的融合中逐步递进。

像伊尼斯那样将融合的文化简单划分为口头传统和书面传统是过于简单化了。在口头文化和书面文化的长期并存中，它们互相交织、互相影响，不仅口头文化对书面文化的形成有决定性的影响，而且书面文化也对口头文化有反影响。即如美国学者沃尔特·翁在其《口语文化与书面文化》中所提出的"次生口语文化"概念，正是这种被他称为"后印刷文化"的产物，其实在印刷文化时代也大量存在。一个饱读诗书的老学究的口语和山野村夫或市井细民的口语，风味肯定有别，因为前者的口语中，有书面文化的深深的烙印，长期浸淫在印刷文化之中的现代人，无法摆脱书本的缠绕，因为书本及书本知识对于他们来说其实就是现实环境，就是客观世界的一部分。

当然，沃尔特·翁之所以强调"次生口语文化"，是为了将电子文化中的口语，与前印刷时代的口语加以区分。在这位学者看来，电子文化中的口语所具有的"强烈的群体感"和"敏锐的社会意识"，是"原生口语文化"难以企及的。这里没有孰高孰低，倒是有不同的偏向，说偏向并不意味着有一个不偏不倚的正方向，只是表明有多少种文化类型，就有多少种偏向，如口语文化偏向、印刷文化偏向或电子文化偏向。而如今，当明星或参加明星秀就是年轻一代人的文化偏向，也是他们特有的一种生活实践。

这里自然涉及所谓的文化转型的话题。从印刷文化到电子文化就是一次文化大变局。

文化的转型，并不意味着前一种文化就此消亡，或被新兴的文化彻底取代。现实的情形是，在新媒介中人类以往的各阶段文化都会被选择性地保留下来。沃尔特·翁雄辩地说道："时不时有人说，电子设施正在淘汰印刷书籍，但实际情况是，电子设备正在生产越来越多的书籍。电子设备录制的访谈录正在生产数以千计的'谈话'书和文章，在录音技术问世之前，这样的访谈根本不可能变成印刷品。"（《口语文化与书面文化》，[美]沃尔特·翁著，何道宽译，北京大学出版社 2008 年版，第 103 页）

媒介和文化的融合毋庸置疑，各种文化之间并不排斥（相互抵牾的是文化中的意识形态部分），但是新旧文化最终以怎样的模式融合是无法预设的，正如以前人们依据小说来拍电视剧，现在也可以根据电视剧来写成小说，以前将名著翻拍成电影，现在则将电影翻拍成电视剧。前一种文化总是能润物绵绵地成为后来文化的养分。

但是，文化转型又确实在年长的一辈与年轻人之间造成某些隔阂，并有偏好的差异。以往人们习惯于将赛博空间说成是虚拟世界，但对今天的孩子们来说电视和电脑屏幕就是客观世界，就是生活环境，当他们睁眼来到这个世界时，一切都已经就绪。如果说对于上一辈人，印刷文化和书本环境构筑的生活空间是现实世界，那么电脑网络的世界也同样是今天的现实生活空间。

好作惊人之语的麦克卢汉在 20 世纪 70 年代就曾说："我们是电视屏幕，身披全人类……"若干年前，读到这段话还是很费解，但是当大众明星纷纷涌上电视，做主角或充嘉宾，参与各类谈话节目和娱乐节目的制作时，就豁然解悟了。如果说"身披全人类"太过夸张，身披电视（电脑）屏幕倒是恰如其分，那些明星主持人就是身披电视屏幕、四处游走者的杰出代表。流风所至，人们争相身披电视，甚至将男女私情、家庭纠纷、伦理困惑都摊到电视和网络上来，在摄像机和公众目光的关注中来讨论。其中不少事端，其复杂和纠结程度甚至超过电视剧。现实生活中的常人，成了电视上的男女主人公。这些男女主人公与其说是在寻求解困之道，不如说是通过电视以满足自己诉说和表达的欲望。或许可以套用前文所提到的话来给本文做一结语：明星是这样一种映象，他是公众自身形象的表达。今天，一个国家的社会史和生活史将由电视和网络上的大众明星来书写，特别是在中国！

（原载《读书》2011 年第 2 期）

作为新现实的互联网

　　尽管有观赏卡通动画的经历，当我第一次看到有演员扮演的角色和一群卡通动物共处同一个镜头时，还是有点惊愕：现在的电影怎么如此大胆、如此前卫，将真实的和虚拟的拼凑在一起？

　　转念一想，既然整个电影故事都是虚构的，在虚构的范围内，还有什么样的场景不可以出现？当然，这里习惯、传统或者说某种逻辑在起作用。即看卡通动画时，所有的角色应该一律卡通，人物是卡通人物，动物是卡通动物，植物是卡通植物，这样保持着虚构的一致性。而看通常意义的电影时，角色一律是由演员扮演，无论是天神、仙女、鬼怪还是精灵都是常人的面目。这种虚构的一致性，有时就转化为某种现实，当一些新的现象猝不及防地出现在我们面前时，以往建立起来的那种现实感就在起排斥和抵触作用，并应对种种挑战。当然，这种挑战并非只是来自卡通电影，或者卡通和真人混合秀，自从有了互联网，我们的现实感不断受到冲击和挑战，或者说有了互联网，我们的现实感总是在不断地调整、扩张和重新整合之中。

互联网打破分类界限

当年，施拉姆在电视普及的美国做过问卷调查，看看电视挤占了人们日常生活中多少时间，例如以往看报读书的时间减少了几许，体育运动的时间少了几许，吃饭、睡觉的时间减少了几许，甚至上厕所的时间也被挪用了。不过以美国人的实证劲头，也很难弄清楚现在的年轻人上网而挤占了多少本来可以用于别的活动的时间。因为年轻一代从看电视转为上网，或者干脆泡在网上，已分不清什么时间被挤占了，即便是在卫生间或躺在浴缸里，也不耽误用小笔记本和手机上网。

互联网在我们生活中改变了许多，我们习以为常的分类界限濒临瓦解。

即以阅读为例，在以往的阅读中，虚构的和纪实的、实用类的和专业类的书籍是分开的，相应地在图书出版的选题、编辑和上架的过程中也是分类的，但是在互联网上，这一切似乎统统混杂在一起，指引互联网阅读的往往是标题和关键词，在关键词和标题的指向中，读者直奔"主题"，然后进入了一系列的链接（所以在互联网中最不道德的是标题党），这些链接与通常的知识分类无关。当然在互联网上，许多页面也有功能或内容的分类，但是这种分类是脆弱的、不牢靠的，只要手指轻轻点击，或者是不经意间的一触，就换了页面，分类的界限就此被打破。

由此可见，虚构和非虚构、实用的和基础的等领域分类是有条件的，或者说这种分类是由印刷文化逐渐建立起来的，是印刷文化和理性思维共同建构了人类知识和经验的分类模式。其中虚构和非虚构是比较核心的概念，因为虚构和非虚构意味着主观和客观的分野，它涉及真实和虚假、真理和谬误等一系列相关范畴，当这一对核心概念动摇时，由此基础上建立起来的许多话语和说法，也为之受到质疑。

曾经，虚构和非虚构还将生活分成了两个截然不同的领域，日常生活往往在现实和非虚构领域这一侧，精神生活容易成为对立的一面。这虽然不是绝对的，但也习以为常。由于日常生活的物质性，据此，人们常常把互联网上的活动如交友、聊天和游戏说成虚拟的行为，将互联网社区说成是虚拟社区，因为互联网是在日常生活之外新成长的那部分，离物质生活有一定的距离。然而，我们渐渐发现，互联网生活使得日常物质生活和精神生活的界限逐渐泯灭，就像风靡一时的网上偷菜运动，人们在其中获得的精神满足是以物质占有心理为基础的。互联网游戏和日常生活的游戏实际上没有虚拟和非虚拟的区别。互联网不是对现实的模拟，不如说它是现实的延伸，它就是今天的现实和现实环境，也是今天日常生活的重要内容。网上聊天、网上购物、网上阅读、网上游戏，不仅在年轻一代那里习以为常，在中年甚至老年人群中也多有仿效。因为他们知道另一种不同于传统的现实已经在生活中蔓延，它实实在在地占据了生活中的时间，尽管离物质生活还有距离，但是已经从各个方面影响到我们的物质生活，或者说已经让人难以区分什么是日常生活的物质方面，什么是日常生活的精神方面。

人类一旦用上了电，停电就成为一大事故。现在用上了网络，网络中断也是现实生活中的重大故障。笔者在医院挂号，该医院挂号网络系统故障，停止挂号看病，尽管医生护士和各色工作人员都在现场，各种看病的仪器和医疗设施照常运转，但是就是无法展开工作。在医院方面将挂号网络故障和其他医疗器械的故障等量齐观，因为不能网络挂号，相应地就不能就医。网络早就不是虚拟世界，它已经和现实世界混为一体，或者说，它已经牢牢地镶嵌在现实生活之中。

蒙太奇现实

社会现实是一个复杂的表征系统，有时候现实是指日常生活、柴米油盐，文艺作品能够表现这些日常生活就具有现实感；有时候现实是指时代潮流和社会风尚，文艺作品能够贴近时代，紧跟潮流也就是反映了现实。如果说爱情是文艺作品永恒的主题的话，那么现实题材的作品还应有一个时代主题与之相配。例如，大革命时代，应该是革命加爱情，这样才有现实意味；在某些暧昧和阴暗的时代，则是阴谋与爱情；如今房地产成了拉动经济的火车头，那么房地产加爱情，或者房奴加爱情就是当下的现实，也因此电视连续剧《蜗居》获得了广大观众的青睐。

当我们说现实是复杂的表征系统，通常是指这一表征系统必须有逻辑的一致性和相应的深度。尽管现实事物和种种现象可能是无序的和散乱的，但是人们从以往的书面阅读中养成了习惯，这一习惯不倾向于将现实看成无序的、散乱的或是事物的平面堆积。因为这样的现实无法把握，且不能给人们带来安全感。人们习惯于将现实作为有序的并有深度感的对象来看待和描述。因为只有这样，现实才是可靠的，并且渐次展开的现实也是比较容易为人们所把握。当然，怎么样使得现实呈现出深度，是有一套叙事手法保证的，无论是文本叙事，还是影像叙事都有。

在互联网时代人们所体会到的现实有了变化，即现实不仅是被描述为线性的、不断递进的、有深度的对象，同时现实也演变为蒙太奇的拼贴，亦即蒙太奇现实。

比格尔在其《先锋派理论》一书中曾将蒙太奇现象作为先锋的艺术作品的特征来加以论述，与此同时他还讨论了新异、偶然、本雅明的讽喻等范畴。他认为"蒙太奇以现实的碎片为条件，并描述了作品的构成阶段"，他分析了蒙太奇首先出现在毕加索等立体主义绘画中的原因，将其归结为先锋派们"最为有意识地摧毁自文艺复兴以来流行的再现体系"。当然，比格尔清醒地看到，在不同的媒介中蒙太奇有各自的意义，因为"它并不是一种专门的艺术技巧，而是由媒介所决定的特点"（《先锋派理论》[德]彼得·比格尔著，高建平译，商务印书馆2002年版，第149—150页）。

自然，蒙太奇不是先锋派的专利，后现代理论家们在反对现代性的同质化、规范化方面，在提倡小叙事、个人叙事，以对抗元叙事和宏大叙事方面，于蒙太奇拼贴也有所青睐，因为平面化的拼贴能起到解构宏大叙事的深度模式的作用。既然现代性是由印刷文化和线性逻辑思维建构而来，现代性的不断深化必得由叙事深度模式来保证，那么解构现代性就必然要冲破线性叙事模式，以空间的、多元的组合和拼贴来表现现实。因此在后现代主义那里，蒙太奇似充满着富有个性的浪漫主义精神，它是挑战冷酷的现代理性的利器。

不过，本文强调的蒙太奇现实是想指出：除了先锋派和后现代理论的浪漫主义倡导，它的产生还有第三个原因，那就是今天信息泛滥的局面。由于互联网的信息过多、过于庞杂，当个人面对超量信息难以梳理时，借助蒙太奇拼贴是处理过量信息的无奈的选择，也是应对这种局面的相对有效的方法。由于蒙太奇现实是呈现为散点透视的现实，因此不必聚焦，不需要通过复杂的编排和精心的设计，将所有的材料串联在统一的轴心上，因此，在处理信息和材料方面就便利了许多。立体的、多角度的和多方位的视点相结合，使得不同的信息在不同的空间均可以得到应有的安置和编排，便于不同的受众各取所需。

这里还应该看到，以往的电影蒙太奇和现今的互联网蒙太奇的区别，电影蒙太奇是电影叙事的手段之一，是在叙事深度模式支配下的镜头的组合，因此以往的电影蒙太奇已经被整合为线性叙事的重要手段，即是在精心的叙事编织中蒙太奇技法获得自己在电影中的地位。如爱森斯坦的电影《战舰波将金号》，其中的蒙太奇镜头的使用，为电影叙事翻开了全新的一页，从此影像叙事的深度必得有蒙太奇技法的参与。

互联网蒙太奇与电影蒙太奇显然有别，由于互联网信息几乎是未经筛选的，不像电影镜头那样经过精心剪裁，所以无法被整合到精密的叙事安排之中。这里还需要关注两个方面：一是互联网信息是异质的、多元的，难以被规范到统一的线性叙事轴上；二是互联网信息的产生速度远远超出信息的整合速度。因此互联网时代的人们不仅所面对的是一个多元的、无序的现实，而且更主要的是这一现实的表征系统也是多元的、异质的，或去中心化的。因而这一表征系统只能是被呈现为蒙太奇方式。一百年前，当毕加索和布拉克等创作立体主义作品时，很引起人们的疑惑、困顿和惊讶，面对如此艺术怪胎，人们手足无措。然而今天几乎所有的艺术家都会这一手，无论是架上画、装置、摄影，还是观念艺术，拼贴和蒙太奇手法随处可见，可谓司空见惯。这不仅仅是今天的人们早已学会娴熟地运用此手法，更因为今天的现实就是这么展开的。

由此，似可说作为新现实的互联网，某种意义上说就是蒙太奇现实。不同的逻辑和规范、不同的视角和焦点、不同的信息和材料经由不同的组合和拼贴，以达成多元共存的状态，这就是互联网现实的表征系统，这就是今天的互联网新现实。

（原载《文艺争鸣》2010 年第 3 期）

让生活新闻化

文章的题目缺少主语，是谁或是什么让生活新闻化？
是微博！微博让许多人的生活新闻化。

若干年后有人写中国思想史，一定会写到微博，写到
2009 年，这一年被一些人称为"微博元年"。

思想史上原本应该写哲人和思想家，写写孔子、墨
子、老子或孙子，写写朱熹和王阳明，写写康有为和梁启
超，哪怕写写蔡伦和毕昇也行，因为有了他们，思想的传
播变得便利了、迅捷了。思想史上怎么能写纸张、印刷
机、电视或互联网呢？那只不过是一堆媒介而已！但是，
我相信微博能，作为一种新的媒介形态，它和以往的媒介
不同，它可以使每一个人成为思想者，每一个人也都能成
为思想者。

我的朋友、同仁中间有一部分人开微博，每天或隔几
天要打理一下微博；有些人则潜水微博，只浏览不发声；
还有一些人不上微博，退避三舍，生怕泄露了隐私；也有
一些人，上了几天微博，新鲜一阵就退了下来。我以他们

上微博积极的程度，来判定他们是否愿意让自己的生活新闻化。凡是经常上微博的、积极上微博的，把自己的微博搞得风生水起的博主，都是愿意让生活新闻化的先锋人物。生活在由自己和"粉丝"构筑起来的新鲜事件和话题中，每天能生产出新的生活意义，既新鲜又刺激。就是潜水微博的人，也使日常生活有了新内容，在他人的日常生活的播报中获得某些新闻性满足。因为微博中的"他人"是自己主动关注和选择的结果，微博的"粉丝"圈和关注圈比日常生活的小圈子要大一些，且通过一个又一个的关注圈，像涟漪一样可以荡漾到任何自己想要到达的远方（当然，名人微博另当别论，这里有公共关系的意义在，下文将会细述），他人的新闻是在自己兴趣世界的边沿上，似乎伸手就能够着，起码比好望角要近一些。

关于新闻，原先读到的教科书对此下过一个定义，即新闻是关于新近发生事实的报道。当然，这一定义并不全面，还有一个是谁来报道的问题。不过在互联网和微博出现之前，人们很少会意识到这样一个问题，即由职业记者报道的并由专门的新闻机构发布的消息，才算得上是新闻，隔壁大爷或邻家小妹传递的消息不是新闻，市井小民日常生活中的事件不是新闻。

而今，微博的降临，陡然改变了新闻的形态，新闻源源不断地从周围的日常生活中喷涌而出，它不再是报纸或广播电视的专利。以前作为新闻来源的素材，现在都成了新闻本身，记者所寻找的目击证人如果自己上微博，就成了新闻的发布者。约翰·费斯克在《阅读大众文化》一书中曾经揭示了新闻报道的真实性等级，事实或真实在某种意义上是有等级差异的。播报新闻的电视主持人、电视台所连线的远方记者以及记者所采访的目击证人，分别处于真实性的三个等级之中，新闻机构赋予电视新闻主持人以权威性和全面性，处于真实性等级序列的最高端，主持人的话语不代表自身，他或她是规范的新闻话语的化身，尽管电视台主持人离事发地点空间距离最远。而目击证人处于真实序列的底端，虽然他们就在事发现场。目击证人作为具体的个人，由于其所处的地位和特定视角，尽管所言真实，但往往不够全面，可能还有其他目击证人来加以补充，真实的新闻报道只有在经过记者和电视台的综合之后，才被社会所认可。今天在微博新闻中，这种真实性的级差似乎被消解了，微博与微博之间是等距离的，都在点击鼠标的一念之间。特别是当记者和主持人也开微博，人们发现每个人可以是同样真实而片面的，每个人也同样具有比较、鉴别和综合不同消息来源的能力。与此相应，新闻的独家报道和第一时间播报的重要性也降低了，微博上几乎全是独家报道，并配以第一时间的个性评论，应当说，微博为新闻的民主化做出了大贡献。

新闻原本就来源于人们的社会公共生活和私人的日常生活，但在传统和惯例中，新闻似乎更关注社会的公共生活，较远离私人的日常生活。这里除了有涉及个人隐私的问题，关键还在于新闻报道的机制和把关人的筛选（狗仔队就专门报道公众人物的私生活，似乎还为此发展出一套理论，这里有更复杂的动因）。因为日常生活不仅琐细、庸常、不上档次，且又无关大局，无足挂齿，所以容易被剔除。更何况这类日常生活琐闻充满着个人的情感和偏好，往往不够客观。而正规的新闻机构因为其报道公共事件并采取公众的立场，人们习惯将它看成公众的代言人而获得了某种规范性和权威性。此时记者和报道者的立场被隐去了，认为他们的报道无疑是站在公正和客观立场上的，记者是秉持职业操守的，又受过正规的训练，他们的客观和公正似乎是由其所在的机构做保证的。新闻机构由于赋予记者们某种客观性和公正性，又反过来证明了它自身的不偏不倚。

其实，新闻机构有新闻机构的偏好性，记者有记者的主观倾向，只是人们对此熟视无睹而已，新闻机构和新闻人往往运用社会所认可的话语来报道事件，所以掩盖了其报道的选择性和偏向性。例如，在有关的灾难性报道中，经常有受难者家属或群众"情绪稳定"的报道，久而久之，这"情绪稳定"就成了认可的套路，似乎没有了它，报道就不够客观。有一些新入行的记者，尽管报道的写作上还不够老练，叙事的功力还有待提高，但是那一句"情绪稳定"，却显示了其不相称的世故。

微博上的新闻由于没有权威机构做保证，所以在客观性上有点悬，微博人的新闻也不使用记者常用的那套新闻报道话语，个人性的言语和偏好性的表述使得其报道的公正性又悬上加悬，但是微博新闻却以其生动、鲜活、及时，带有个人体温和喜怒哀乐，吸引着人们的眼球，使得当下的记者编辑们麇集在微博中寻找素材。以前人们将寻找丑闻报道的行为称为"扒粪"（据说是美国总统西奥多·罗斯福最早把当时从事揭露新闻写作的记者们挖苦为"扒粪男子"的），现在好了，扒扒微博，总要高雅一些。常常听到一些新闻报道中有"零距离""原生态"等夸张的说法，其实，微博倒是当得起这一说法的，即便是讹传和谣言，微博上的讹传和谣言也是原生态的，动机昭然，不那么阴险，比较容易查找源头。再则，微博的客观性和公正性不是体现在每一个具体的个体身上，而是体现在各种言论、思想、立场的交汇之中，不同个体的真实侧面，是所谓的客观世界的最好注脚。

微博不仅使生活新闻化，更开辟了个人的公共关系新领域。关于公共关系学，依某些教科书的界定，是"研究组织与公众之间传播与沟通的行为、规律和方法的一门学科"。在伯奈斯当初创建公共关系学的年代，公共关系的实践活动意味着商家的宣传、促销，意味着产品的包装和人的包装（如竞选总统），有时就搞成了公共忽悠学，正如时下的金融工程专业，在实践中偏向圈钱工程学的路子。微博在打破了新闻的定义后，再一次挑战了公共关系学，因为微博是以个人行为替换了组织行为。每一个微博人都明白，只要上了微博就不是生活在熟人圈子里，而是进入了公共空间（个别官员不甚明白，套一句时髦的话来说，是媒介素养不够的缘故）。

微博作为公共空间，有其特殊性，这是有着博主私人话语印迹的公共空间，或者说是在私人领地中的公共空间，毕竟博主有权随时关闭和开放这一领地。作为私人话语和公共空间融合的微博，在社会文化中所发挥的功能和带来的人际交往及社会文化的新变化几乎是全方位的，以前人为设置的种种界限均被打破，如私人生活和公共生活的区隔、个体心理和社会心理的区分、文化和政治的区分等，由此许多社会学科研究领域的界限也模糊化。例如，微博中"舆论"的概念既可作为新闻传播学的概念，也可看成一个更广泛的文化概念，因为微博不只是关心社会重大事件，它对日常生活事件和一般社会文化现象的关注，在更深层的意义上改变了整个社会文化形态，重构了个体和个体、个体话语和公共舆论之间的关系。

微博中最值得注目的景观是"互粉"，"互粉"现象的社会学意义远远超过所谓的名人微博。"互粉"意味着平等的交流，意味着友好互动。一个刚进入微博的新手，一个名不见经传的普通人，通过"互粉"来获得他人的关注（当然"僵尸粉"除外），由此他也得到了自尊和认可，有了思想的热情，有了社会参与的主动性。

微博是特殊的"一对多"的关系，这个"多"不是一个常量，而是一个变量。"多"是需要经营的，要不断打理并择机更新微博内容，与时俱进，要关心社会公共事务，表明自己是一个关心社会、关心公益的人。这就要求博主学会处理公共关系，要打造、修理和不断维护个人的公众形象，公众形象是一种特殊的社会资源，它不一定会使博主直接受益，但是，这是一种长期的储蓄，其积攒的是人气。某种意义上说，微博也像一份个人财产，在通货膨胀的年头，不让财产缩水还试图有新的收获，就要付出辛劳，付出心血，就要有责任感，这同样是成为社会公民的一种磨炼。这里要提及名人微博，许多网站招徕名人微博，是出于吸引眼球的商业动机，而从名人角度出发，他们要学会在新的媒介环境中处理公共关系，保持其影响力。当然，"名人"这个概念是有点模糊的，在微博产生之前，名人是在各个社会领域中崭露头角的人物（这里不讨论其出名的途径是靠个人扎实的努力，还是靠哗众取宠），微博之后，就有了微博名人，因为微博同样给人提供了发展空间。

20世纪初，美国芝加哥学派等学者在社会学意义上探讨了"自我"在其形成过程中的人际互动。例如，米德认为，自我不是天生的，也不是本能地发展起来的，自我是通过与他人的互动的社会过程而得到发展的。一个个体不仅在与一些特殊的人的期望的关联中学会行事，而且按照其他一般个体如何期望他怎样行事的想法来学会行事（参见罗杰斯：《传播学史·第五章》）。自我的成长需要良好的互动环境，而个体思想的成熟和社会思想的发展更需要互动和交流的环境。

自然，互动和互动的环境条件并不一样，在传统的环境中，互动对象次序的首属团体，是亲朋好友、熟人，然后是陌生人，自然的空间距离将互动的对象分成不同的社会交际圈，由此互动的方式也因人而异。在微博中，要同时等距离地面对不同的人群，空间的压缩和扁平化提高了言论和思想的凝练、概括程度，使得思想和表达趋于普适化。微博的人际互动，无论在规模上还是在频率上远远超出了日常生活中的互动，这无疑加速了思想间的交流。人际互动的频率有时也是思想交流的频率，思想之果的营养来自意见的交换和信息的通畅，正是在微博的多边人际互动中，每个个体的思想获得了勃发的生机。

据说，自我的本质是反省，所谓反省，是一个人将自己作为思考对象的能力。思想的成长需要个体的反思，微博似乎承担了反思的职责，因为微博将他人的反馈立即传递给博主，催促着个体的反思，微博上的跟帖和议论是多元文化的缩影，多元文化的丰富性是个体思想丰富性的基石。

或许，马克思在其《资本论》中早就点到了这个意思，他说："一个人口相对稀少的国家，若其交通手段发达，其人口就比一个人口数量大而交通手段不发达的国家稠密；从这层意义上讲，例如，美利坚联盟北部诸州的人口就比印度的稠密。"以此推论，寄居在微博中，就是居住在人口超稠密的大都市里，这里的稠密，不仅是指人际交往的稠密，更可能包含着思想交流和文化互动的稠密。稠密导致摩擦和碰撞，摩擦和碰撞产生火花，思想的火花在传递和传播中启迪心灵。或可说，在什么样的人际互动环境中会产生什么样的思想者，即便大思想家也不能例外。

康德之所以静态地建筑纯粹理性的大厦，是因为他生活在一个宁静的世界里，康德终其一生，未到过家乡 60 公里以外的地方。某种意义上可以说，康德内心世界的丰富性超过了整个外部宇宙，故他能以其一己之力，建构他形而上的理性范畴。黑格尔的历史理性则是动态的，他比康德晚生了 60 多年，年轻时适逢法国大革命，黑格尔在其书斋中肯定感受到了历史浪潮的剧烈拍打，历史的动荡和变幻，历史的大开大阖统统投射在他头脑之中，因此，他的哲学被称为"法国革命的德国理论"，在他那里，绝对理念的进展有着长长的历史轨迹。

马克思的时代恰逢资本主义的上升时期，他在历史的变动中，发现了经济地位或阶级地位对于人们思想产生的深刻影响。资产阶级就是以其经济活动的强势登上历史舞台的。如果在一个相对凝固的社会，历史节奏缓慢，周围人的经济地位没有起起落落，资本主义世界财富的积聚和散落也没有那么瞬息万变和惊心动魄，那么可能难以观察到经济地位如此强烈地左右着社会各阶层的思想和行动，并使得社会产生严酷的分化。现在人们常说的"屁股决定脑袋"，这"屁股"更多的是指经济地位和与此相应的社会地位。产生马克思有产生马克思的历史语境和经济环境，有相应的人际和社会互动条件。

微博开启了互联网时代的新空间，拓展出人际多边互动的广阔领域，自会结出相应的思想之果。

今天人们对微博的诟病，认为其会造成思想的碎片化，殊不知碎片化是我们的宿命，在中国思想史的源头上，几乎全是碎片化思想，孔子的《论语》就是碎片化思想的结晶，老子的《道德经》虽然有五千言，但也不过相当于四五十条微博而已。孟子的篇章要长些，但是和西方思想家的著述比起来，实在谈不上壮观。问题是，思想不能以文字的篇幅来衡量，思想不是白开水。思想倒有点像货币的内在价值尺度，货币发得越多，其自身就越贬值。

（原载《读书》2012 年第 2 期）

微信的内爆和时间感

感觉上学界还在讨论微博，探究其强大的传播功能以及所带来的人际交往的变化，自媒体与社会民主进程的关系，或冗余信息对日常生活产生的影响，突然就冒出了无所不能的微信，教人猝不及防。

博客和微博的生力军基本以年轻人为主，以带引号或不带引号的公共知识分子为主，这回微信则是全民的微信，而中老年人在其中相当积极。

微信上的交流，除了双方互通，最主要的是来自朋友圈，朋友圈发布的信息没有特定的对象，可以看成是对准公众群体发布的，因此微信朋友圈相当于个人的信息综合平台，其功能是复合的、开放的：了解时事，加强社交，发表意见和感言等。更上一层楼的是学习新事物，文史哲、艺术、宗教、科技统统囊括，还有心灵鸡汤、娱乐搞笑、养生须知、生活技能，当然还有任何时代传播过程中都有的流言蜚语，应有尽有。你能想到的，微信全替你想到了；你想不到的，微信会帮你开拓。

然而这是最奇特的社交平台和信息交流圈，不仅囊括了以往社交圈所有的特点，还出现许多新情形，即在这个朋友圈里，所有的藩篱：年龄、职业、性别、地域、文化程度都不存在，只要彼此间有微信联系，自然就进入了相互的朋友圈。由此出现了一种新的朋友——微信朋友。这类朋友只在微信中存在，平时很少甚至从不照面，可谓"鸡犬之声相闻，老死不相往来"。但是这类不照面的朋友必须存在，他们存在，意味着这个世界存在。

一种说法，在电子时代社会将重新部落化。此部落非彼部落，现在个人不是只属于某一个部落，他或她可能同时参与七八十个部落：同学、同事、亲友、师生、车友会、购物团、社区邻居等。光同学部落，有的从幼儿园算起，就有五六拨，还没算上各种特长班或补习班。或许"代沟"这个概念将进入历史，代沟不仅仅是由年龄造成，代沟更是由互动的人际圈子形成，而微信以其无所不包、跨越一切人际屏障的姿态重塑了社交圈子。无妨说有了微信，手机就成了人们"首属团体"的一员（这是美国社会学家查尔斯·库利提出的概念，意指个人在成长过程中最早接触的人群，如父母、兄弟姐妹、教师等）。

福柯在《词与物》中将西方文艺复兴以来的认识型，依词与物的联系分为三种，即文艺复兴认识型、古典认识型、现代认识型。文艺复兴时期，人们依据的是相似性原则，在那里词与物是同一的；到了古典时期，原先的认识型因断裂而转换，"语言中断了自己先前与物的关系"，"词独自漫游"，成为秩序科学的表象；进入现代，认识型再次发生转换，词的秩序不表现物的秩序，而"表达生命的运动和时间性，语言直接而主动地进入思想领域"。因此现代认识型"构成了人的特殊存在方式和以经验的方式认识人这样的可能性"（参见《词与物》，生活·读书·新知三联书店 2001 年版）。

倘若福柯活到今天，不知会以什么样的认识型来表述微博或微信？"混合认识型"？所谓混合不是混合词与物之间的关系，而是词与词之间先前的分类秩序受到严重挑战。

这里用得上一个词"内爆"。

"内爆"这个概念是麦克卢汉发明的，用以特指人的中枢神经系统的"延伸"，他认为，"在机械时代，我们完成了身体在空间范围内的延伸。今天经过了一个世纪的电力技术发展之后，我们的中枢神经系统又得到了延伸，以至于能拥抱全球。就我们这个行星而言，时间差异和空间差异已不复存在"（《理解媒介》）。

与"内爆"这个概念初照面，感到有点可疑。说机械是人的手脚的延伸很直观，也好理解，说电子技术是中枢神经系统的延伸则费解，因为一般人实在不清楚中枢神经系统复杂的运作原理。但是说到人们意识范围的扩大和电脑在模拟意识方面所取得的成功，则容易得到认可。

鲍德里亚在《拟像与仿真》一书中采纳了这一概念，并做了不同的论述。其实在《象征交换与死亡》中，鲍德里亚就将社会生产分成仿造、生产、仿真三个阶段，认为进入仿真时代，由于符号和信息的激增，"任何现实都被代码和仿真的超级现实吸收"，这就消解了符号与现实，符号与意义之间的联系，符号代替了真实本身，由此虚拟和真实的界限消弭。最生动的例子来自鲍德里亚所写的《海湾战争并没有发生》，大意是对大多数人来说，海湾战争只发生在银屏上，战争和消灭敌人，就像在玩电子游戏。

2001 年面世的好莱坞电影《西蒙妮》似乎受这一思想启发，同样讲述了虚拟偶像的故事，所以也有人将片名直接翻译成《虚拟偶像》，说的是好莱坞过气导演维克多借助电脑程序，设计出一个"无可挑剔的女人"西蒙妮，由西蒙妮担任主角的电影，一炮打响，接连走红，维克多也东山再起。接下来，观众们和整个电影圈都想一睹西蒙妮的真容，导致维克多跌入困境，他销毁了有关西蒙妮的一切电脑资料，竟然险些被当成谋杀犯拘押。

其实何止是真实和虚拟的界限消弭，在鲍德里亚看来，随着电子技术的发展，政治和经济，政治和文化，经济和文化之间的界限也模糊不清，进而政治经济文化和娱乐之间的界限也岌岌可危。当初，鲁迅在杂文中鼓励一要生存，二要温饱，三要发展的年轻人勇于前行，不为一切羁绊所束缚，可谓气吞山河："无论是古是今，是人是鬼，是三坟五典，百宋千元，天球河图，金人玉佛，祖传丸散，秘制膏丹，全都踏倒他。"然而，在今天的微信中，以上所有被踏倒的东西统统并置在一起，而且这只是微信所展示的一小块，还要加上当代生活的一切，社会生活和私人生活。

世界原本是混沌的，文明之光使其慢慢清晰起来，所谓清晰就是世界以分类的方式为人们接受，自然和社会的区分，精神世界和物质世界的区分，世俗生活和宗教生活的区分等，每一分类中还有更细小的划分，在长期的教育和社会的规训中，人们的头脑为事物的一切分类做好了准备，数理化、文史哲、生活与工作、社会主义与资本主义……现在这一切都共同以微信的方式呈现。当然，人们还是可以将每条微信归类：政治的，经济的，文化的，等等。但是……现在它们共享同一个场域，并置在微信群里，构成了同一语境。据笔者了解，没有一个人在读微信时，专门分类阅读，如今天读健康和养生的，明天浏览娱乐和消遣的，或上午读时政新闻，下午观赏文化和体育集锦。倒是出现了新的阅读语境，有 Wi-Fi 时看带有音响视频的、大流量的信息，没有 Wi-Fi 时读文字的和简短的小流量信息。真可谓"不出户，知天下；不窥牖，见天道"。普通人与"生而知之"的圣人之间的界限也几被铲平。

偶尔，遇到坚持不上微信的挺微博者，认为在微博上什么都能展示，何必再上微信，难道仅仅是因为它具备移动的功能？实际上，微信不仅意味着移动功能，更主要是它随时随地发挥着影响力，潜移默化地撼动着人们的时间感。

这里之所以强调"时间感"而不是"时间观"，首先是缘于本文无力探讨微信在多大意义上改变了人们的时间观念；其次，如果个人对时间观没有深入思考，那么他接受的往往就是流俗的时间观。西方的哲学家康德或黑格尔等理论中，最让人望而却步的是他们关于时间的论述。康德认为，时间和空间是人类先验的"感性直观形式"，其实这是最没有形式感的形式，人们必须借助其他媒介来验证这一形式。海德格尔曾在其著述中表述了四种时间观："首先是原始的或本真的时间性，即有决心的此在的时间性。其次是非本真的时间性，即日常此在或沉沦此在的时间性。第三，世界时间，即我们在世界中遭遇事物的公共时间。最后是庸俗或庸常的时间，即从亚里士多德到柏格森的哲学家们所构建的时间，作为同质的、无休止的当下或瞬时构成的连续体的时间。这些时间概念中的每一个（除第一个外）在海德格尔看来都源自它的前一个概念。"（见《海德格尔》第八章，[英]迈克尔·英伍德著，刘华文译，译林出版社 2009 年版）

人们可以受某种时间观念影响，也可以不受其影响。但是，人们在生活中对时间的感受确是切实的，有着自身的体验。那些时时刻刻发布的信息，渗透到生活的每一个缝隙之中，不间断地提示着人们时间的当下性。当年黑格尔敏锐地发现，读报是现代人早晨的祈祷。某种意义上，一个现代人和前人的区别就是每天要接受一点外来的、与己无关的信息，这是现代人应有的视野，也构成了某种当下性和"现实感"。"现实感"就是我们了解这个世界每天都在发生的事情。在微信时代，所有的时空界限统统通形，摄取信息成为生活内容最重要的组成部分，并不是因为这些信息能派上用场，而是人们必须生活在信息的世界中，就像生活在空气中。人们每天处理大量的信息，可能比最勤勉的皇帝批阅奏折还要繁忙。

每天接收大量的信息，还要对某些信息做出回应，加速了我们对时间的体验，因为每一瞬间都被利用起来了。而在回顾中，时间的流逝反而加快了，因为每一可能独处的、感受时间存在的心境都被占用了。人似乎被抛到时间流之外了，人们的时间存在感被大量的信息阅读所取代。

在互联网和微信产生之前，电视和报纸同样给人们提供大千世界的各种信息，影响着人们对周围和外部世界的看法。就这点而言，看似与微信无大区别，然而大众媒体所传递的信息，不仅是归类的，主要是这些信息基本与我们日常生活无涉，长期读这类新闻的距离感，使人们感到世界是外在于我们的，自己并不参与其中。微信则不同，是切身的又是混杂的，频繁的人际交流，亲朋好友的日常信息和国内外大事，政界内幕、高层秘闻，交替进入你的眼帘，感觉上自己的私人生活和周围世界的遭际在同一个层面，同一时间段，以致产生了某种在场感。

如果以今天信息泛滥的时代和以往信息匮乏的年代相比，也能觉出明显的不同。以前人们所有的时间是花在寻找信息的途中，克服重重障碍，打通各种关节。而今天我们的时间被各种真假信息填满，摒除信息或许能寻回时间，然而心境已经大变。

　　其实信息匮乏的年代并不久远。曾经信息的获得是一种特权，新闻机构发布各种消息的接收对象是有等级区分的，如新华社的各级内参。30 年前，图书馆的门槛也很高，进某些阅览室，要介绍信和高级职称。然而转眼间，信息的堤坝在新媒介技术的冲击下垮塌，如果说以往的愚昧是与信息匮乏相联系，那么如今对信息的辨伪、选择性阅读和采用，成为决定人们是否明智的首要条件。

　　说到微信，不能不论及其强大的转发功能和背后的微信话语权问题。在微信中，无论是有内容的、见解深邃的帖子，还是不靠谱的、荒诞的，甚至以讹传讹的消息，十有八九会进入转发程序，并在转发中滚动、扩散和衍生。热衷于微信的人往往是殷勤转发者，手指点戳之间，就完成了"千秋大业"。许多人是抱着善意转发微信，希望更多人阅读而受益。因此在微信朋友圈，有一类特殊的转发帖惹人注目——寻人或救助帖，这是满足人们道德感，能践行善愿且又不怎么花精力的行为，转眼之间就可完成。或许信息共享是所有慷慨的举动中最容易践行的活动，因此在微信上人们面对的是大量的转发帖，同时也面对大量的重复信息和虚假信息。

　　当然对于转发微信者来说，无论是善意的还是恶意的，至少是快意的。这是发布权带来的快感，因此，我们时时会遭遇疯狂的转发，转发者认为这是义举，一气连续发一二十篇，并且认定信息的价值也只有在不断的传播中才能得到实现。这里产生了奇特的微信话语权，即个人任性的发布权和以多胜少的话语权。

一般认为，与世俗的权力不同，话语权是建立在对知识和信息的掌控和播散中的，尽管话语背后有着传统力量的支撑或经济利益政治权力的角逐等，但是体现出来的面貌却是相对温和的、合乎情理的，并有着逻辑的统一性。现在这类话语权受到了信息海量发布和转发的侵蚀，大数据毫不留情地冲击着、破坏着传统话语的逻辑和整合能力，建立起自己强大的数量霸权。

某种意义上信息的转发就是生产，复制就是生产，重复生产的信息就是垃圾信息。因此在微信时代，人们注定要被垃圾信息合围。而对信息的真伪和信源可信度的关注，经常会被后续的大量信息所转移。因此虚假信息不仅很少得到纠正和澄清，有时反而传播得更快。有人曾设想发明一种信息自动过滤器，来抵挡垃圾信息，然而即便有这样一种设置，个人不仅要孤独地面对铺天盖地的信息，还要处理信息过滤器所产生的新信息。这就是当代人的境遇。

（原载《中国图书评论》2015 年第 5 期）

从"有图有真相"到"后真相"时代

一

这里的"有图"是指摄影、摄像和照片。人类自从有了摄影，改变了生活的许多方面，也改变了艺术和绘画发展的方向，是"摄影把绘画从忠实表现的苦差中解放出来"，使绘画从写实走向抽象，走向各种各样的主义。摄影也改变了法律和某些领域解决纠纷的方式。例如在竞技体育中，发生纠纷，可以反复放录像，录像就是真相，谁犯规，谁假摔，一看录像就清楚了。

但是随着摄像机的增多，特别是手机拍摄的方便和随处运用，所谓"有图有真相"的观念受到了挑战，有时图太多反而使得真相扑朔迷离。这里不说经过 PS 的图像，或移花接木的图像，即使是来自现场的摄像和图片，也并不等于真相，因为它们起码"篡改了世界的规模"，且"照片本身也被缩减、被放大、被裁剪、被修饰、被篡改、被装扮"。所以，苏珊·桑塔格认为"摄影本质上是超现实的，不是因为摄影采取了超现实主义的表现手法，而是超现实主义就隐藏在摄影企业的核心"(《论摄影》,〔美〕苏珊·桑塔格著,黄灿然译,上海译文出版社 2007 年版)。

除此而外,我们还应该意识到:任何图像都是经过阐释的。所谓阐释,就是图像中的内容经过对象、角度、时机等方面的选择,已经具有了叙事功能,传递了图像拍摄者自己对某些事件的看法和评价。这样,同一个事件就有不同的图像作为佐证。至于那些移花接木的图像,一般人要考证出真伪来,也须花费大量的时间,因此作为读者,谨慎的做法是不要轻易相信图像,这有点像当年的笛卡尔,这位大哲学家真是因为不相信感觉经验的真实性,才提出"我思故我在"的观点。

或许我们可以问,既然每一幅图像多多少少都有拍摄者或播放者的阐释,那么是否有公共真相?对这样一个问题的回答其实是复杂的。因为不同事件的真相是有不同层次的,有些事情在最表层的层面上的真相是一致的,即有公共真相:例如某些灾难发生的时间和地点等,某些事件的当事人涉及什么身份等,但是对于此灾难发生的具体原因,或事件当事人的行为动机等稍微复杂一些的情状,不同的人群就有不同的看法,并且这些看法都有图像为证,不同的图像指向不同的层面,因此有图未必就有真相,有时甚至图片掩盖了真相。

当然"后真相"的概念最初的出现并非指图像的多寡,并且在哲学领域、政治领域和新闻传播领域中,各自所探讨的侧重点是不一样的。而最近一次引起广泛关注,据说是因为该词被《牛津词典》作为 2016 年度的热词推出而触发。是指就传播效果而言的，即认为"诉诸情感及个人信念，比诉诸客观事实，诉诸真相更能影响民意"。由此某些大众媒体在传播过程中所采用的策略是以煽动情感来取代对于真相的报道，或者说在真相的报道上所下的功夫不如在情感的关注上所下的功夫更为有效。

有人把"后真相"时代的到来和社交媒体的出现相联系，也是不无道理的。因为在社交媒体上，这种情形尤其显著。本来社交媒体是许多小群体之间交流思想、交换意见、联络情感的平台，它的存在不是为了发布新闻，不是为了报道各种消息和外界的社会现象，特别是在今天的中国，对网络上发布新闻的平台有相当多的限制，连许多门户网站都没有这种权利。但是实际上，有人群的地方就有新闻，不管这种新闻是出自专业人员之手还是出自普通大众，甚至来自旁门左道，人们之间只要有信息传递，就会有新闻，不管我们曾经对"新闻"二字有何种界定，如"新闻者，乃多数阅者所注意之最近事实"（《新闻学》，徐宝璜著，中国人民大学出版社 1994 年版，第 10 页）。或者"新闻者，最近时间内所发生认识一切关系于社会人生的兴味实益之事物、现象也，以关系者最多，及认识时机最适，为其最高价值之标准"（《新闻学总论》，邵飘萍著，京报馆出版部 1924 年版，第 80 页）。社会实践总是会突破其边界，把原来不以为是新闻的信息囊括进来。所以在今天可以说，社交媒体就是新闻的渊薮。不是只有国家元首政府首脑以及各个领域的大人物之间的交往才是新闻。或者说自有了社交媒体，我们逐渐适应了两种新闻，即某些军国大事的新闻或者说远方的新闻，还有就是我们日常生活琐事的新闻，即身边的新闻。然而不管是远方的新闻，还是身边的新闻，在全球信息铺天盖地向我们涌来时，关键是什么信息能够进入我们的议程设置。因为只有进入人们议程设置的信息，引起比较多人群关注的新闻才是相对有效的新闻。

正是在这个意义上，社交媒体上流播的信息，社交媒体所关注的新闻是相对有效的新闻，因为只要是人们真正关注的新闻，一定会在一些社交媒体得到反映，而所有得到热烈响应的或较广泛层面关注的新闻，又往往与人们的情感好恶相关。因此"后真相"时代的新闻，或者说"后真相"时代能够广泛传播的信息，一定是与人们的情感经验相联系的新闻。

二

可以说"后真相"时代的信息传播的情形对以往的新闻观，或者说新闻专业主义的传播观带来了严重的挑战。这一挑战不能简单认为是主观情感对客观事实报道的挑战，毋宁说是一般意义上的客观事实报道中有无报道者的价值判断和主观立场在内？

在新闻专业主义者那里，对事实的报道强调的是客

观中立，不能带有报道者个人的偏见，因为"客观性"是新闻界的理想与职业规范。迈克尔·舒德森在其《发掘新闻——美国报业的社会史》一书中，论述了 19 世纪后期以还，美国的新闻工作者是怎样逐步从以往的政党报刊中走出来，尽量给社会公众提供真实的信息。作者之所以将"客观性理想"作为该书的绪论，是认为一度"客观""无偏见"是一面有感召力的旗帜，它兼有新闻从业人员理想，也有某种无私无偏的道德力量，因此它是新闻专业主义赖以确立的基础。这里，所谓的"客观性"就是指："应该将事实和价值判断区分开来。在此理念下，事实是关乎世界的，不受个人判断和好恶的影响。而价值判断是个人有意识或无意识中对大千世界的好恶，是主观的，不能推及他人。客观的信念就是要忠于'事实'、不相信'价值'，将两者剥离开来。"（《发掘新闻——美国报业的社会史·绪论》，[美]迈克尔·舒德森著，陈昌凤、常江译，北京大学出版社 2009 年版，第 3 页）

然而，即便在新闻专业主义盛行，在"客观性成为意识形态"的 30 年代，关于新闻报道能否真正做到无偏见，剔除主观性，也是受到种种质疑的。质疑虽然来自新闻界，但是背后更有哲学和思想方面的深刻原因。如有的学者认为，其渊源起码可以追溯到尼采，因为在这位哲学家的有关著述中，曾强调了认识活动中的视角因素，如"视角是所有生活的基本条件"，再如"没有事实，只有阐释"等说法（刘擎：《共享视角的瓦解与后真相政治的困境》，

《探索与争鸣》2017年第4期），都挑明了主观因素在认识活动中不是可有可无的，而是早就不容置疑地存在。

　　纯粹从新闻学立场来说，新闻工作者或许能够做到不把自己的价值判断或情感掺杂到有关事实的报道中，不过一个有强烈社会责任感的记者一定是情感丰富，并有鲜明立场的记者，其训练有素的职业技能只不过在某种程度上掩盖了他的立场或价值观，不等于其报道没有立场和情感偏向。再则，更进一步，关于重大的社会事件的报道，人们不仅要了解事实，还希望获得有关事情之所以发生的阐释和相应的价值判断。因为人们的社会实践需要不断地获得动力，而动力既来自理性的计算，也来自情感和价值判断。因此在简单的消息传递过后，人们更倾向于获取深度报道，在深度报道中，除了有对事实的进一步澄清或认定，读者还期待获得某种价值或情感方面的认同。自然，深度报道中的"深度"，某种意义上也是新闻从业人员展示自身立场的平台。因为所谓深度报道的关键，是从哪一个角度切入？又深入到哪一层面？这均与记者所取的立场、位置和进一步的判断息息相关。因此有关客观真相的报道，从来是报道者自身的真相观的反映，同时新闻发布者也希望读者认同他对真相的陈述和传播。

　　自然，不管读者是否认同记者对事实的陈述，某种意义上说，相关报道会随着时间的推移，渐渐成为真相的一个组成部分，因为当后来者追寻事件真相时，他们所面对的就是前人留下的报道或文献。例如，今天我们追寻辛亥革命武昌首义的真相，或者要廓清卢沟桥事变的某些具体细节，那么此前纸质媒体上的所有报道和相关书籍、公告和公文、个人书信、口述历史、当事者的回忆材料等，统统成为真相的组成部分。尽管这些文献材料之间可能有种种抵牾和互相矛盾之处，但是它们都是相关真相的库存，"真相"有时就在这些库存中装配出笼。亦即，今天所谓"后真相"时代的种种情形，并非只有在互联网和社交媒体到来时才姗姗来迟，其实在纸媒一统天下的年头，在新闻专业主义盛行的时代，早有端倪。例如《时代》杂志的创立者卢斯就曾说道："谁敢说自己客观，我就告诉他不要再自欺欺人。"（《发掘新闻——美国报业的社会史》，第135页）只不过那时新闻的话语权掌握在一些大的媒介机构那里，无论在利益上还是习惯上，它们更愿意认为自己掌握着真相的发布权。另外在新闻专业主义环境中成长起来的报人，也在维护这一"客观性神话"，如《纽约时报》的发行人助理西德尼·格鲁森声称："也许我跟不上时代了，但我坚决维护新闻栏目的纯洁性。纯粹的客观性也许不存在，但无论如何你得为之奋斗。"（《发掘新闻——美国报业的社会史》，第147页）

应该看到，其时在哲学思想方面，本质主义的真理观虽然受到严重挑战，但是它在一般大众那里还很有市场，人们不愿意陷入相对主义的泥淖，如果承认了认识活动中的主观性，似乎就等于接受了相对主义（尽管这是另外更深层面上的问题）。一旦"客观性"受到质疑，那么在经验主义基础上建立起来的现实世界就会变得飘摇不定，这在人们心理上会带来无依傍感和空间恐惧，所以人们倾向于对此视而不见。

三

当然，这种情形到了20世纪60年代的西方，有了大的变化，据说"客观性"已经成了侮辱性的词语。因为在这一"客观性"背后可能掩盖了许多社会深层的结构性问题（参见《发掘新闻——美国报业的社会史》第五章）。不过这些应该还是在小范围内讨论的话题。而到了21世纪的今天，互联网科技的出现，特别是社交媒体的普及，使得这一议题受到广泛的关注。就因为在社交媒体上，几乎人人都是信息的发布者和传递者。这是人类传播史上最为特殊的景观，曾经有过的种种界限和藩篱几乎都被打破，没有受过专业训练，没有自我约束的人群在发布或转发各种消息。在传递信息时，往往把自己的喜好憎恶和情感评价直接代入其间，对于他们来说离开价值判断的"事实"并不重要，也没有多大意义。表达自身的立场和倾向性在某种意义上也是在维护自己的尊严，即表明自己有独立见解，不人云亦云。并且由于社交媒体的存在和社交媒体之间的交互传播，这种情感性和倾向性的因素容易在传播过程中被不断地放大。

当我们承认社交媒体比以往的传统媒体更偏重于情感

性和倾向性，并不意味着情感和真相一定是相对立的。或许在讨论"后真相"问题时，我们最可能忽略的是这样一种情况，即对事情"真相"认识之所以发生分歧，往往是在与人们利益相关程度比较紧密的事情上。这深刻地表明，真相不是孤立地存在于与我们利益无关的地方，人们所要探求的真相是与人类事务息息相关的真相。

例如某地发生的两件事情，不同的人群关注点各有不同。当不同立场和不同价值观的人群在这两件事情上表现出不同的态度，有不同的读解和阐释时，表明在某些事情上，真相从来不是客观的，它不同于地球围绕太阳转还是太阳围绕地球转，人们无法干预。而以上两件事情中，在事发后人们的所作所为（揭露和掩盖，猜疑和说明，包括所谓的硬盘坏了等），也包含在所谓的真相之内，即真相是一个动态过程，而不是静态的写生（即便是静态的写生，人们也在不断地修改和涂抹），在寻找真相的过程中，真相会被一次一次地重新组织、重新叙述、重新认识。而每一次重新叙述，在某种意义上都加入到真相的证据链之中，成为真相的一部分。除此之外，人们会不断打开新的事实或现象空间，使得真相成为一个立体的、多侧面的，有时间长度的对象。众多的社交媒体就是这样一个一个小的时间空间集散地，它们的存在似乎说明，真相不会只被收录于正规的新闻机构和新闻专业主义者那里，真相存在于所有关心某一事件的人群的交互传播中。然而，我们在观念中常常会把真相只当作一幅二维平面的画来看待（还不能是版画），以为只要此画在，真相就在，并且该画还要担负真相统一性的物证的任务。实际上，真相从来就不是画，也不是什么照片，而是人们的某种期待。

四

真相是某种期待，是指人们既希望了解某些事件的来龙去脉，但是更期待自己对一些事情的判断和价值立场能得到其他人的广泛的认同。例如像太阳围绕地球转还是地球围绕太阳转的问题，它不在人们日常经验之内，到底哪一个是真相？在伽利略时代的大众应该不是依据科学知识来判定，而是根据认同人数的众寡来判断的。

其实从牛津词典将"后真相"列为年度热词，就是将此从认识论层面转向情感和价值认同的层面。

如果说以前阻碍我们认识事情真相的原因是信息不畅或不透明所导致，那么在互联网、自媒体和社交媒体时代，由信息匮乏所带来的困境逐渐被信息冗余所取代，有关真相的多面性和复杂性问题也转换成对人际沟通能否有效地展开和进行的问题。由此，美国学者约翰·杜翰姆·彼得斯在其有关传播观念史的著述《对空言说》中，着重讨论的是人际交流中面临的困境和尴尬（此前何道宽曾将此书名意译为《交流的无奈》也相当传神）。

其实，对真相的众说纷纭，不仅是因为各自的信息渠道不同所造成，更深层次的原因是不同的参与人群从不

同的价值立场出发，会对事件做出有差异的或完全不同的
判断。因此，彼得斯在《对空言说》中讨论的不是信息传
递中的真和伪的话题，而是不同的个体，能否在交往中彼
此达到真正融合的问题。当然从书名能知晓，作者是否定
"人与人之间灵魂上的融合"。显然，彼得斯的出发点是心
理学家威廉·詹姆斯，因为詹姆斯认为"任何人都自然而
然地与他自己有特殊的关系，所以他不能直接和其他人共
享意识，不同心灵之间的直接交流是不可能的"（《对空言
说》，〔美〕彼得斯著，邓建国译，上海译文出版社 2017
年版，第 7 页）。当然，彼得斯将传播观念史转换为人际
交流的历史，并非只是从心理学汲取养分，而是将柏拉
图、耶稣到海德格尔、杜威、艾略特、卡夫卡等哲学家、
思想家、文学家的相关言论都网罗进来，以阐述人际沟通
曾有的历史困扰和终极界限。

　　自然，人际沟通，达到真正的灵魂融合是一回事，而
在一些重大的事件上达成一定的共识则是另一层面的问
题。虽然彼得斯本人认为，在不强求心灵完全融合的情形
下，人们至少可以做到"自我克制"下的相互理解，并
"坚持即使他人不能像我们看待自己那样来看待我们，我
们仍然能做到宽恕待人"（《对空言说》，第 382 页）。但是
他忽略了在社会行动中，达成共识的重要性。

　　"后真相"时代的困扰，既是一个认知问题，更是一
个人际沟通和不同社群之间通过交流达成一定共识的问
题。这里不是指不同的社群能否在所有的问题上取得共

识，这未免过于理想化。其实所有的共识都是"有限共识"。社会的发展速度越快，替换频率越频繁，那么达成共识的时效就越短。在农业社会，甚至在工业社会，人们的某些社会共识可能具有的时效，在互联网和社交媒体的今天，一切都将有所改观。传统社会中的"意见领袖"的魅力被"众声喧哗"所淹没，因此就某些事情达成"有限共识"并非是心灵融合的深层次意识的共享问题，而是兼顾各个社会群体的利益和情感的现实难题。这是社会生产力发展和信息社会所带来的新问题，并非是柏拉图时代以来所遗留的老问题。其解决问题的方案不在历史和前辈哲人的种种见解深刻的著述之中，而是在社会各群体交往的博弈和平衡之中。

或可说"后真相"时代，意见纷呈已成为今后的一种常态。而尽量达成"有限共识"是应对社会各类分歧的最可行的方案。那种一劳永逸式的解决思路和方案，是不存在的。以前也并不存在（只是人们有此幻想），今后更不可能出现。亦即，如果排除那些以讹传讹的信息，社会上不同的利益阶层可以达成"有限共识"。这种"有限共识"不应是来自外在的某种权威意见，而是各社群之间多边互动的结果，因为社会自身有这种内在的调节功能，这也是社会的自组织功能。众多社交媒体的意见纷呈看起来是添乱，其实频繁的交流过程，正是歧见的消除过程。当然不是消除所有的歧见，只是消除最令人关注的成为焦点问题的歧见。

也因此，在有关"后真相"话题的讨论中，有学者认为，"后真相"本质上是后共识。并且强调："今天不再是哲人时代，而是大众时代，真相的揭示和传播主要依赖于公共传媒、公共知识分子以及投身于正义的社会活动家。当前出现的后真相现象突出表现为大众对精英和主流媒体的不信任，而这种不信任是社会进入后共识时代的结果。今天人们关心后真相问题并非是要告别真相，而是重建真相政治的基础。如果这种重建是可能的话，真相必须能够被揭露，而且真相能够塑造公共意识。"（汪行福，《"后真相"本质上是后共识》，《探索与争鸣》2017 年第 4 期）

也许，"后共识"在一定意义上也可以理解为"有限共识"，但是它不可能仅仅建立在真相政治的基础之上，它应该是社会整体文化（包括科技）发展的必然走向。

（原载《陕西师范大学学报》2018 年第 2 期）

多媒介的当代艺术与阐释性批评

——兼论当代艺术评价体系

网络曾有传言，说王小丫的国画习作拍得 4800 万元，叫人将信将疑，说与几位朋友听，他们也是目瞪口呆，但是居然没有人敢肯定这是讹传。不必说"将疑"之点，声名卓著的国画大师中有几个人的画作能拍到 4800 万元？张大千、齐白石、徐悲鸿等，也不过在近几年间才攀上千万元的价码。单说"将信"的部分：信的当然不是王小丫的画技，信的也不是王小丫的名气（她的名气是在电视主持领域中确立的），信的是金钱的力量和金钱的嚣张，在今天人们充分领教了金钱呼风唤雨的能量，对于它的到处兴风作浪，可谓司空见惯，难不成它选中王小丫的画作，又有什么出其不意的诡异动作？

当然后来事情表明，这只不过又是一条赚取眼球的假新闻。但是，这类假新闻的出笼和流传，自有其背后的道理，这讹传多少是一种预告，似乎预告着艺术自律时代的终结。

笔者曾在一文中论及，大众文化是他律的文化，即当代大众文化既不是在传统的精英文化的基础之上，也不是在通俗文化的基础上生长，而是在高科技、电子媒体、商业运作及社会情景的互动过程中应运而生（见《探索与争鸣》2010年第10期）。同样，当代中国艺术也是他律的艺术，它不是在阿多诺等十分强调的"艺术自律"的氛围中演化或蜕变而来，而是在房地产业和金融业的突起和令人目眩的商业化运作中迅速膨胀。这里不涉及当代艺术家个人的修养和艺术水准，也不讨论当代艺术可不可以或应不应该委身于某些暴利产业和当今的暴发户，只是想探析当代艺术评价机制的某些成因和背景。

中国新一代艺术家在20世纪90年代中期还是聚集在都市边缘的画家村里身无分文的寻梦人，尽管他们十分努力。但是短短十年工夫，其中不少人靠着同样的努力（有的将精力依旧放在作品上，有的则放在运作和经营上），已成为腰缠万贯的富翁或大富翁。而这十年工夫，正是房地产业和金融业飞黄腾达的时期，这不仅仅是某种巧合，应该说正是后者的发达提供了当代艺术生长的肥沃土壤。特别是房地产商，他们就是当今时代的超人，生生地在神州大地造起了成百上千座水泥森林。他们想拆就拆，想建就建，劈山填水，摧枯拉朽，楼想几多层就几多层，价想拉几多高就几多高，地心引力对他们几乎不起作用。几十年前的"大跃进"民歌，有对工人阶级伟大力量的形容："叫高山低头，河水让路"，"喝令三山五岳开道，我来了！"这些浪漫主义的颂词，今天正可以现实主义地移用到房地产商头上，十分贴切。

现在他们觑中了当代艺术，正所谓风云际会，当然更有内在的理由：一、当代艺术的起点低，有很大的发展空间；二、房地产业给当代艺术以展示的空间；三、最关键的是，有多大的发展空间就有多大的利润空间。

指出当代艺术和房地产业的同存共荣关系，并不含有褒或贬的意味。作为商品的艺术作品，从来就和市场及利润有着密切的关系，当然就和有钱人、企业家、金融家等（有品位的或无品位的）有着密切关系啦，特别是价值连城的艺术品，某种意义上就是金融的衍生品。

不过，今天的情形还是与以往有所区别。以往艺术品价位的高低虽然由市场来决定，但是背后有着一套复杂的机制在起作用，并非像股票那样可以由某些投资集团联手随意拉高或压低。这里涉及近几百年来发展起来的艺术自律的观念和力量，如精湛的、艺术品的"灵韵"啦，独特的艺术价值啦……这些在漫长的历史过程中形成的传统和力量，及由此建立起来的艺术评价体系，渗透到艺术市场中，左右着艺术品的价位，有时还掩盖了影响艺术品价位的其他因素。掩盖实际上是一种平衡，平衡着金钱、权力、情感、经验、个人偏好和艺术规范等方面，看起来像是作品的艺术价值决定着它的市场价位。这也是艺术自律能够确立，并与资产阶级文明—同发展的缘由。[这里我们可以看看哈贝马斯的权威说法："自律的艺术只是随着资产阶级社会的发展而得到确立，经济、政治的制度与文化制度分离，以及为公平交换的基本意识形态所破坏了的

传统主义世界图景使艺术从对它们的仪式化的使用中解放出来。"（转自比格尔《先锋派理论》）]

然而，当代艺术的迅猛突起，作为一种异己的力量，打破了原有的平衡，使之容易向现实情景倾斜，向金钱和权力方面倾斜。

说当代艺术是一股异己的力量并不是指艺术家而言的——艺术家们更愿意在艺术自律的氛围中生活，因为只有这样，他们才更有话语权和自主性，这里所说的异己力量是指当代艺术领域的涉及面、广泛性和媒介的多元性而言的，这种领域的广泛性和媒介多元性，使得原有的艺术规范无所适从，艺术的评价体系难以建立和统一，所以那些被掩盖和平衡的力量，如金钱和权力等就显露出来了，这情形有点像某些影视作品的操作模式，投资人要求导演必须用自己指定的人选当主角。这种局面在 20 年前是难以设想的，或者是被掩盖得较为严密，不那么赤裸裸，人致维持着艺术尊严的面纱。

当代艺术是一个多媒体的复合品，内容极为庞杂，装置、行为、摄像、雕塑、建筑、观念、景观等无所不包，虽然从理论上讲，当代艺术讲不排斥传统的架上画，但是，传统的架上画在许多当代艺术展中不仅没有独尊的地位，有时还被挤到边缘，甚至往往被挤没了踪影。架上画地位的变化，其原因是多方面的，不过说到"艺术自律"，还得从传统的经典艺术作品说起，因为艺术的内在

规律，就是在这类传统和经典作品中演绎出来的，并且是
在几百年甚至更长的时间中逐步建立起来的。例如在西洋
画中，今天习以为常的透视法则，也是经过几代画家的努
力，才逐步确立的。例如按照流行的看法，"透视法的发
明是在 15 世纪初，大概 1415 年到 1450 年之间，地点是
佛罗伦萨"。法国艺术史家阿拉斯在认可这一看法的前提
下，引用了另一位前辈研究者的说法，认为首先使用纯粹
的"中央单焦透视法"绘制的作品是安布罗吉奥·洛伦泽
蒂在 1344 年创作的《天神报喜》(《绘画史事》，[法]阿
拉斯著，孙凯译，北京大学出版社 2007 年版，第 40 页)。
这样算来，也有百把年的光景。

当然，这类探索艺术表现新路径的例子，在艺术史上
比比皆是，且越到晚近就越频繁：印象主义、象征主义、
立体主义、超现实主义等等几乎是接踵而至，有些还是互
相交叉的。如果说这些主义有什么共同点的话，那就是独
出心裁。一个艺术家绘画不仅仅是为稻粱谋，而是试图解
决艺术表达中的难题，且有余力独出心裁，那么他就已经
踏上了艺术自律的路途。

再细分一些，印象主义和后来的象征主义、立体主
义、超现实主义出发点是不同的。印象主义的探索还在自
然主义和写实主义的范畴中，只不过印象派反感某种"公
共"的写实套路，认为真正的写实源于个人的观察和个人
的眼睛。用印象派批评家的话来说，画家们是"给自己再
造了一双自然的眼睛，自然地观看，并且仅仅照着他所看

到的作画"(《艺术理论》，[美]罗伯特·威廉姆斯著，许春阳等译，北京大学出版社 2009 年版，第 139 页）。

印象派画家的努力还只是将"客观主观化"，而象征主义等后来者就走得更远，他们不是以再现自然为结果，而是以自然为出发点，向更高的目标迈进。高更的说法具有代表性："不要过分地模仿自然，艺术是一种抽象；在自然的面前做梦的同时，从自然中得出这种抽象，多想想能有结果的创造，而不是自然。"(《艺术理论》，第 152 页）因此，巴黎的一位诗人总结道，"我们的艺术的基本目标是将主观客观化"(《艺术理论》，第 148 页），将"主观客观化"就是企求在画布上创造一个带有自己印记的新世界。难怪贡布里奇在其《艺术的故事·导言》中这样开篇："实际上没有艺术这种东西，只有艺术家而已。"(《艺术的故事》，[英]贡布里奇著，范景中译，生活·读书·新知三联书店 1999 年版，第 15 页）有了艺术家就必然有艺术。艺术家的主观意念、感受、灵感等就是艺术存在和艺术真谛，至此艺术自律精神浸透到现代主义艺术运动的骨髓。

有关艺术自律的学理性阐释，相关的介绍和讨论文章已经很多，不复赘述，不过这里还须简要点到，即艺术自律是指艺术从其他实用功能中解放出来，为其自身谋发展而言的。参考阿多诺、哈贝马斯或比格尔等学人的界定，人们大致能获得基本要义。阿多诺认为，自律的艺术是一种自为的存在，它与日常经验保持着一定的距离，"正由于艺术作品脱离了经验现实，从而能成为一种高级的存在，并可依自身的需要来调整其总体与部分之间的关系"。自律的艺术还可以向人们提供其在外部世界中得不到的东西。而在此过程中，"艺术作品摒弃了压抑性的、外在经验的体察世界的模式"（《美学理论》，〔德〕阿多诺著，王柯平译，四川人民出版社1998年版，第7页）。不过，阿多诺还特别强调："艺术将自身从早期祭礼功能及其派生物中解脱出来后所获得的自律性，取决于富有人道的思想。……"（《美学理论》，第2页）亦即艺术的自律性程度与艺术家的人性的自由相关。哈贝马斯则用更加简明的语言来表述这一观念：艺术自律就是"艺术作品针对它们用于艺术之外的要求而保持独立性"（转引自《先锋派理论》，第198页，注13）。比格尔对艺术自律的看法由作品层面上升到与社会整体保持相对距离的某种艺术体制，他的阐述有其新意："我感到有必要在艺术作为一个体制（它按照自律的原理在起作用）与单个作品的内容之间做出区分，只有这种区分才能够使我们理解，在资产阶级社会中（包括资产阶级在像法国大革命那样取得政治权力之前），艺术占有一个特殊的地位，用最简单的话说，这就是自律。"（转引自《先锋派理论》，第90页）

当艺术从仪式和宗教的辅助功能中独立出来，从政治的歌功颂德的枷锁中解脱出来之时，从理论上说，艺术自律的历程就开始了。但是实际上，还需要等待某种思想和理论的产生，才能成为一种自觉的行为，如康德和席勒等的无功利的美学思想的阐发，从戈蒂耶、佩特到王尔德等"为艺术而艺术"观念的提出，唯美主义思潮的崛起和畅行等，只有到了这一步，人们才能收获艺术自律的成果。不过且慢，光有理论和观念还比较浮泛，在具体的批评和鉴赏过程中，则有一整套艺术评价机制和评价体系在发挥作用。这一评价体系虽然和系统的理论阐述互为表里，实际上在进入具体的艺术领域和艺术作品时，那细微品评就和理论形态保持着一定的距离，且常常不能对应。而更具体的评判准则是在艺术圈内的某种规范、鉴赏经验、权威说法和时代潮流等氛围中产生，即作品的水准和艺术价值往往是由艺术家、批评家、鉴赏家和艺术收藏人等共同认可的，艺术评价机制或艺术评价体系就是在这样一个互动的过程中逐步建立起来的。

这里可以看出艺术评价体系，不仅是一个理论层面、认识层面、判断层面的，还有具体操作层面的问题，即评价体系是在艺术圈内部建立起来，然后再推向社会的。因为艺术家、批评家、鉴赏人和画廊、博物馆等已经结成了某种同盟，在这一同盟内，惯例、经验和圈内的风尚在发挥作用。说到底，艺术作品的命运大都为艺术圈内的各种因素所左右，而不是由理论上的艺术规律来掌控的。这似乎就是"艺术自律"的真正精义。亦即评价一部艺术作品水准的高低，是艺术界内部的事情，内行有决定权，"外行不能领导内行"。当然，"决定"这个词不能被误解为判决，一旦宣示，无可更改。艺术的风向和潮流不断地冲刷着旧有的堤防，改变着艺术河道的走向，没有什么决定是永恒不变的。

自然，作为商品的艺术作品还要接受另一种评判，即市场的评判，市场将自己的评判毫不含糊地写在艺术品的价位上。不过艺术品在市场上的价位走势虽然千变万化，但是基本上和艺术评价体系相挂钩，大艺术家和一般艺术家之间，一流艺术家和二流艺术家之间，其市场价位上的差异，总体上是艺术圈内评价高低的反映。

艺术评价机制或评价体系虽然是在艺术家、批评家和收藏人（博物馆）等几个方面共同协调（现在流行"博弈"这个说法）的产物，然而在艺术自律的语境下，艺术家，特别是大艺术家有着主导权，这就是为什么艺术大师不在乎外界的评价，我行我素。无论是一心一意要将对象物压缩或并置在二维平面中的立体派画家塞尚、勃拉克，还是在清醒的状态中试图画出梦境和潜意识的达利，其自信和执着既来自对艺术的信仰，即相信是真金总会发光，也来自艺术界和社会对其的百般宠爱，艺术评价体系的标准似乎只是对他们创作的补充说明。有时艺术家几乎就是上帝和造物主，他们造出了世界，还连带着设定了评判这一切的标准。

在当代艺术领域中，情形发生了根本的变化，艺术家的上帝地位摇摇欲坠，艺术评价机制在向批评家、收藏人、策展人倾斜（当代艺术活动中无所不在的策展人，似乎是批评家和市场的综合代言人，应该单独讨论），这一切都来得太突然，让人猝不及防。特别是在中国，装置、行为、摄像、雕塑、建筑、观念、景观艺术……仿佛是一夜之间到来。通往艺术殿堂的路径是如此众多，让艺术的朝圣者如堕五里雾中，一种媒介就是一种路径，一种新媒介就是一条新的艺术道路。条条大路通罗马，不仅道路是难计其数的，罗马的范围也是在无限地扩大。

当代艺术生产的规模迅速膨胀，使得原有艺术规范和艺术评价机制无法消化。正如法国著名艺术史家阿拉斯所言："形形式式的艺术实践、艺术载体都错综复杂地搅在一起，而且因为'美术'体系正在不可避免地日渐脆弱，其结果就是绘画正在失去往日的权威。……今天在法国，绘画已经不吃香了。在别的地方，绘画有的还很吃香，有的继续吃香或重新开始吃香……不过，绘画再也不是从前意义上的最伟大的艺术了。"（《绘画史事》，第218页）

显然，随着架上画地位的衰落，艺术自律的氛围被打破，面对当代艺术，面对艺术媒介的多样性，早先的评价标准无所适从，出现了艺术批评的真空，需要马上来填补。当代艺术不是传统意义上的艺术，原本，艺术含有技巧和手法的意思，讲究活儿细。掌握这些技巧和手法不是一朝一夕的事情，需要若干年的培训，再加若干年的闭门苦修，才能进入艺术的门槛。而"炉火纯青"似乎是专门用来形容这类情形的。然而，在当代艺术中，技巧和手法被忽略，表现技巧、表现手法的难点被转移了。在当代艺术中，创意更加重要，所谓创意，既包括构思、意念和想象力，也包括多种媒介的使用和拼贴，各种媒介方式的大胆融合等方面，这既使得艺术的疆域得到新的拓展，也使对其做出准确的评价和判断进入困境。

当代艺术的领域如此宽广，无法找到衡量艺术品质高低的万能标尺，也没有上帝一般的艺术大师（如毕加索、达利等）指点和定夺。故此，当代艺术批评开辟了一条新的、阐释性批评的道路。鉴赏性判断、价值判断需要相对统一和稳定一些的标准，阐释性批评则不必，阐释性批评没有标尺，或者说另有标尺。阐释批评有自己的广阔的天地。阐释性批评遵循的是充足理由律，而不是排中律。

与此相应，新型的阐释型批评家取代了资深的鉴赏家，新型批评家比经验型鉴赏家更适合应付当代艺术。这类批评家须谙熟多种阐释话语，通晓各种意识形态理论和分析技巧，他们可以在任何一件当代艺术作品中发现艺术学、文化学、社会学、心理学、精神分析学、政治学、经济学、媒介学的相关话题。媒介手段的多样性决定了阐释的多样性和批评话语的多样性。

一切都来得太快，金钱的速度更快。阐释型批评家还有历史的包袱、知识的积累和储备，金钱没有历史，只有现实。当现实需要一个当代艺术的评价机制时，金钱就来模拟这样一个机制。这个评价机制中的每一个方面，如策展人、艺术家、评论家、画廊和博物馆都不能少，只是"艺术至上"的法则在渐渐隐退。当代艺术的展示和运作有点像资本在选股，在众多的对象中遴选黑马，在黑马中期待更有潜力和后劲的超级黑马。这里，背后发动的力量来自资本，来自金融，（在中国）来自在这个节骨眼上正巧赚得钵满盆满的房地产商和金融运作的高手，也来自因汇率 1∶8、1∶10 所吸引的西方艺术投资人（从时间上说，他们是捷足先登者，他们是以原始股的低价，进入中国当代艺术市场）。

所以像前面提及的阿拉斯这样声望卓著的艺术史家，对古典艺术如数家珍的评论家，会被一再邀请，就他不怎么熟悉的当代艺术发表意见。因为在当代艺术评价体系中，像他或他这样有资历和清誉的批评家是一个重要的标记、一个符号。也因此，这位有良知的学者型批评家要诚恳地一再反思："我总想，为什么大家要找一位专攻 15 世纪的历史学家来写当代艺术呢？在接受之前，我总会判断一下：这会不会是个'托儿'呢？古典文化史学家习惯了'highart'（即'高雅艺术'），不会成为文化的托儿吧？——也就是说，在历史的科学构建中为'当代艺术'估价，使其扬名，目的却是'促销'当代艺术家。"（《绘画史事》，第 220 页）

或许相对于背后的商业运作，仓促搭建的当代艺术评价体系，整个全是"托儿"，这不在于批评家本人的诚恳和学识，而在于当代艺术的评价体系所发挥的功能和其背后的动因。正是在这个意义上，可以说当代艺术是他律的艺术。

也许，从来就没有真正自律的艺术，他律和自律是在一个有限的范围内相对而言，当许多因素被掩盖时，人们有了艺术自律的错觉，而当这些掩盖物被挪开时，错觉也就弥散而逝。掩盖物不仅仅是指思想认识和某些固有的观念，也有媒介的因素在其间。当代艺术由于在多媒介环境中蓬勃兴起，没有一种理论可以涵盖或包容。故当代艺术不仅对阿拉斯等古典艺术史家，对谁而言都是新课题。

这一新课题有两大难点：首先因为当代艺术没有确定的边界，"很难定义"；另外"当代艺术本身已与古典理论决裂了"（《绘画史事》，第 221 页），在理论批评上必须另起炉灶。这两大难点其实都和当代艺术的媒介多样性相关。这里，媒介既指材料的多样性，也指路径的广阔性。当代艺术从架上画、从画布上走出来，就无所约束，什么材料都可以试试。刚开始，某些中国艺术家也还有所顾忌，尽量和国际接轨，人家用现成品我们也用现成品，人家用拼贴我们也用拼贴，人家用易拉罐我们也用易拉罐，人家用胶片我们也用胶片，甚至人家用尸体我们也用尸体。然而，再向前行，就百无禁忌。某种魔咒一旦打破，就没有什么可以阻挡艺术家勇敢的步伐。一种媒介即一条路径，材料的多样性意味着题材的多样性，路径的广阔性，即表明艺术征途有无限多的可能性，可能性转化为现实性只需要勇气和持久的耐力，艺术家个个能练成点铁成金的好身手。

一位当代著名艺术家说过，"艺术是可以乱搞的"，但是这里还需要加一个条件，批评也是可以乱搞的。批评承担着给乱搞的当代艺术寻找合法性的依据。这也决定了当代艺术的理论必定与当代艺术同步产生，当代艺术造成的困惑必须由当代批评来解答，故当代艺术和批评是孪生兄弟。它们又都是开放领域，什么都可以容纳。由于在当代艺术中打破了艺术和现成品的界限，艺术品和非艺术品的分界模糊，夸张一点说，是否成为艺术品的决定因素是进入还是没进入展馆。进入展馆的就是艺术，展馆或场域就是一种路径，一种特殊的媒介。

当代艺术评价体系中，既要有新型的阐释批评，为其寻找合法性根据，又要有老牌的艺术史家（他们可在艺术自律的语境中为当代艺术作品定位），并找出历史根据。还要有大众媒体上的狂热宣传，以博取社会影响。在这三种力量中，阐释性批评举足轻重，因为该批评承担着为形形色色的当代艺术作品寻找合法性或合理性的任务，似每一部作品、每一种涂鸦都有社会情境的必然性、媒介技术的偏向性、艺术家个体心理的独特性，有时还需要为其构造特殊的谱系，以证明其历史渊源。

在一般的情形下（我们只能假设有某种自然状态），三股力量的合成需要一个相当的时段，且后置于艺术作品。然而今天，在商业和营销的强大动力作用下，艺术评价机制的各个方面往往先于艺术作品而合成，有时艺术作品还在襁褓之中，评价体系已经操作完备，且先声夺人。因为只要有了相应的阐释性批评，什么样的艺术作品均有其存在的价值和合理性。在当代艺术活动中，无论是在两头猪身上写字，还是在人体上捆绳索；无论是在交通繁忙的大街上砸玻璃镜子，还是给穷乡僻壤的山石涂油彩；无论是以破棉絮、旧报纸作材料，还是以易拉罐、塑料充作品，都不能难倒阐释型批评家。这正应和了那句名言，凡存在的就是合理的。阐释不仅仅是对作品的意义进行阐释，还能对其无意义做出合理的解释。且阐释不仅面向作品，还可面向艺术家，面向社会环境。因为阐释批评的目的不是为了达成某种规范和统一，而是为了使批评更加丰富，更有内涵和包容性。

当然，阐释批评首先是面向文本的阐释，解读其中的含义，但是文本的意义不是自足的，不是自身的产物，它往往是在其他同类文本的比较中产生的。当代艺术的文本由于乖离传统和规范，它的参照系不完全是在传统的文本之中，或者说基本不在其中。因此，阐释批评必须为作品建构语境，甚至单独打造谱系。由于当代艺术是向生活开放的，进入艺术作品的路径是多向度的，它的文本参照系几乎无所不包，也给批评家提供了无限发挥的空间。如果说艺术作品创造了一个不同于现实的新世界，那么阐释批评在于找到最佳的切入角度和路径，或者说创造出这样一条阐释路径来。当年福柯在其《词与物》中对委拉斯凯兹《宫娥》所做的上万字的阐释,就是这样一种路径。福柯只是以《宫娥》为起点,他所走向的终点是解构,即解构"词与物"之间牢固的再现关系。受其影响,之后三十多年来,据说"难以计数的学者相继投入到对该作品的阐释中去",使得这幅17世纪的名画在20世纪中叶后大放异彩(《我们什么也没看见》,〔法〕达尼埃尔·阿拉斯著,何蒨译,北京大学出版社2007年版,第130页)。但是每位阐释者的终点是不同的,各有去处。一幅有"定评"的古典画尚且如此众说纷纭,遑论当代艺术作品,其中包含着多少机会啊!

当然阐释的机会也是金钱运作的机会,金钱也是一种阐释,物质力量的阐释,在传统和规范越薄弱的场所,它越容易发挥作用。

尽管当代艺术家们的主观愿望是在其创造中追求独特的艺术价值,但是这种独特性在没有经过时间的检验之前,先要受到金钱的检验。所以模拟的艺术评价体系就大胆发挥其造势功能,有时似乎作品的生命力取决于造势的持久性。应该说,当阐释批评本身成为当代艺术的先决条件和组成部分时,所有跟艺术创造相关的条件都相应发生了变化,而其中最警惕的变化是金钱的介入,它既改变了艺术作品的命运,也左右了批评的方向。

(原载《文艺研究》2010年第12期)

当代艺术中的 "中国经验"

前些年，在北京、上海等地举办的一些当代艺术展中反复强调中国经验，这是一件颇可疑的事情。因为对绝大多数中国当代艺术家来说他们只具备中国经验，虽然他们中有不少是有短期出国或留洋的经验，但是若不是特别或刻意为之，一般来说，他们的作品中表现的基本上是中国经验。所以中国经验这类展览主题的提出，有点脱裤子放屁的意味。当然在实际的操作过程中情形不是那么简单，策展人的战略目标是面对西方或国外的媒体和批评家的，尽管展览的大多数观看者是中国人，但是展览的主题意义只有在前者的眼中才有真正的价值，因为他们到中国来可能就是为了寻找和发现当代艺术中的中国经验，现在真巧，一切都准备齐全，只需按自己的意愿撷取即可。

为西方或国外的媒体和批评家准备 "中国经验" 的套餐也无不可，但是纯粹的中国经验是什么形态呢？作为一个理论问题来探讨是十分冒险的，是张艺谋式的、徐冰式的，还是蔡国强式的？个人经验是十分具体和感性的，它与艺术家的家世背景、个人气质、文化修养和成长环境有着密切而牢固的联系，而中国经验则是抽象的、具有形式化意味的对象。如果说我们把徐冰的《析世鉴》或蔡国强的一系列爆炸装置由个人经验上升为中国经验的典范有着相对充分的理由，同时还应该考虑到他们恰恰是中国当代艺术家中对西方艺术的情形了解得比较多的一群，与在国内的一大批当代艺术家相比，是对西方艺术的相对熟悉救了他们，而不是所谓的中国经验成全了他们。

另外，艺术的表现形式本身也是某种经验，即艺术表现的经验，在中国当代艺术所采纳的表现形式（表现的经验）中，多少有着对世界当下艺术的吸收、借鉴、挪用和拼凑运用。当一位中国艺术家自觉或半自觉地进行创作时，是无法区分生活中的经验和艺术表现的经验的。

在今天这样一个信息时代，艺术家不可能在一个封闭的环境中长大，相反他们是在多种文化和艺术观念的调教下成熟起来的。如果他是艺术院校毕业的，那么他可能接受过系统的西方艺术史的教育，还可能受过专门的油画或版画的技法训练，倘若某位艺术家是自学成才，也许表明他在学习西方艺术和艺术观念的道路上走得更远、更大胆。强调艺术中的中国经验只有心理上的和展览策略上的意义，而不可能指导创作。

同样还有人在中国经验的基础上提出了中国语境，其实在今天的信息环境和媒介环境中，当代艺术界已经不可能指望有什么中国语境。所谓语境，是由所交流的双方或多方共同构成的，是表述互动关系的一种状态，是什么样的互动关系就表明了处于什么样的语境之中。中国的当代艺术是在与西方甚至全球范围内的艺术潮流的不断交流、碰撞和影响下产生的，这就是中国当代艺术的生长语境，实际上就是全球语境。从"五四"以来，特别是从70年代末中国实行改革开放，我们已经进入全球语境，改革开放就是这一语境的产物。而所谓"中国经验"更是在全球语境和西方语境下产生的概念，没有全球语境就没有中国经验，这里所谓中国经验只有思辨逻辑上的意义，而不是艺术创作中可以运用作价值判断的原则。

中国经验或中国语境说到底是一种虚构，是一个艺术神话，它们的存在与艺术品的功能相仿，是人们的精神需要。尽管在对当下艺术的细致的谱系学的分析中是找不到纯粹的中国经验的，或者说所有的文化经验和历史经验基本上是多种因子的融合，相互交织，你中有我，我中有你。但是有关中国经验的神话是有着鼓舞意义的，它暗示着艺术家的成功的可能和发展的方向，在"中国经验"神话的激励下，艺术家们会眼睛向下，会走向民间，会寻找和开掘来自基层的新的资源。例如眼下一群艺术家正在开展的"长征——一个行走中的视觉展示"活动，与这一神话就有着某种程度的关联。虽然他们所取得的成果还有待检验，但是这一事件本身是激动人心的。不过事情总是存在着几个方面的可能性，当年的红军长征是在苏维埃的旗帜之下进行的，沿途宣传的是共产主义的世界大同的道理，而且长征开始阶段接受的是共产国际的领导（尽管是错误的领导），这样一个有关世界大同的神话同样不妨碍他们与中国基层劳苦大众的联系。今天远离了血与火的战场，我们的当代艺术家或许也可以将当年的红军长征看成一群接受了世界先进思潮的年轻人的艺术活动。

艺术家个人或小集体的创造力的来源是由多种成分和因素构成，艺术家的经验是庞杂的，这不影响其被各种各样的意识形态和理论体系整合，只是当理论的讨论将某种对象凝固起来时，艺术家应该警惕。虽然，艺术家的创作引起人们关注的是激起他人共鸣的那一部分经验和情感，但是真正支撑他坚持到底的可能是相对个人化的一些理由和情绪。因此当我们提及中国经验时千万不要将其神话功能和现实作用混淆起来。

（原载《艺术当代》2002 年第 5 期）

虚构的空间

一

　　拜中国的建筑业和现代科技之赐，一座座巍峨耸立的影城在都市拔地而起，豪华的放映厅、宽大舒适的软椅、环绕的立体声音响为观影者的幻想提供了充裕的物质条件，只是在林林总总的排片表上，可选择的好电影并不多，影城那偌大的空间也顿时变得逼仄起来。有些影片，开头进入时还饶有兴趣，但是越往后看就越不靠谱，胡编乱造！感觉是白花了冤枉钱又瞎耽误工夫。反省起来，也哑然失笑，自己就是冲着"胡编乱造"而来的，怎么中途就反悔了？又不是去看纪录片。

　　前些日子观《驴得水》就是此种体验。看有关介绍，民国西北某地的一所学校，居然把拉水的一头毛驴，纳入教员编制，来吃空饷，恰逢教育部派员暑期来巡视……开头绝对诱人，我就是奔着这诡谲的、突发奇想的开局而去的，希望获得观赏的愉悦。后来的进展着实让人失望，影片真可谓"外强中干"，即剧情的展开没有强劲的内在动力，情节的每一步推进，都是由教育部巡视员的驾临所驱动，仿佛影片的编导也是在这样一种外加的上峰的压力下，硬着头皮将故事进行到底。

这里不是批评影片靠外力来推进，而是认为不能每一步都仰仗外力推动，比如《俄狄浦斯王》，第一推动力来自上帝，来自"弑父娶母"的神谕，这是无比强大的外推力。但是后面的进展，有自己的情节因果链，襁褓中的婴儿怎样被弃，成年的俄狄浦斯怎样出走，又如何误杀忒拜国王，一环扣一环，最后走向命运悲剧的结局。至于《驴得水》，教育部的巡视员仿佛就是那位拙劣的上帝，就是第一推动力，必须一次又一次登场来推动剧情，没有他露面，故事就驻足不前。

不少影片，开局精彩，缘于艺术家们灵光乍现。有了这脑洞大开的起步，才有后续的投入，推演出整部电影。然而往往又后继乏力，故事的发展没有进入理想的路径，即剧情的进展没有对应上开局给予观众的期待，尽管开头的虚构打开了广阔的空间，提供了故事发展的多种可能性，结局却草草收兵，让人愕然。然而到底哪一种结局是最佳选择？是有某些创作的诀窍可以借鉴，还是纯粹依靠偶然性，如编剧和作家的灵感等？

这里涉及虚构的逻辑问题，说起来有点复杂。

就《驴得水》而言，我不是将它作为吃空饷、三五人合伙贪污公款的故事来看的，由于其开局强烈的喻示，我是将影片当成精彩的荒诞剧来追的。在我的预期中，它应该有某些奇特的构思，使荒诞的剧情延续下去，有充满喜剧色彩的人物，有忍俊不禁的细节，有黑色幽默，当然也少不了深刻的寓意……可惜影片后来竟落为现实生活常见的套路，即每一次作假，都需要不断以更大的作假来掩盖，成为一部几近无厘头的闹剧。除此之外，让我不满的，还有人物性格前后的断裂，开场时张一曼对社会纲常伦理的藐视，行事泼辣果断，应该是此处不留爷自有留爷处的豪迈角色，与后面的种种隐忍和猥琐太不相称。张一曼的人格呈现，在一定意义上标志着影片的走向，由奇幻、夸张、浪漫走向现实、琐碎、委顿。

我觉得影片的编导一定是错过了某些重要的关节点，一脚踏上了岔路。岔路有岔路的美妙，别有洞天，还能在前方不远处绕回来，平添了许多风景，但是《驴得水》最终却没有绕回来。当然，即便是走上了岔路，《驴得水》仍算得上 2016 年国产电影中的好作品。

二

说到电影的虚构，自然涉及想象力问题。想象力是一种很难描述的心理能力，如果按一般理解，是指"在知觉材料的基础上，经过新的配合而创造出新形象的能力"（参见《现代汉语词典》），不过瑞恰慈在其《文学批评原理》一书中，专门探讨了"想象"这个概念不同的语用状况，即想象：（一）指产生生动的形象；（二）指运用比喻性语言；（三）指同情地再现别人的情感状态；（四）可指把通常不相联系的因素撮合在一起；（五）亦可指把经验按照一定的方式，为达到一定的目的，加以条理化；（六）还可指一种有效的协调力量，在于能够把纷乱的事物压缩为单一的效果，用某一种主导的思想或情感来变更一系列的思想。或可说只要与现实保持距离就是想象力。因此人人都有想象力，小说家、艺术家们在这方面自然更胜一筹。然而许多影片的缺憾，如虚构空间的狭小而无回旋余地，剧情无法有序推进，只能以闹剧收场等，往往不是因为艺术家缺乏想象力的缘故，而更可能是缺少某种定力，即摆脱当下的成规俗套，坚定地在自己最初开辟的小径上踽踽独行的定力。

想象力可以天马行空，然而让想象走得更远，并非只凭借天马行空，还必须有所指向，需要某种内在的逻辑力量，这也是想象能够扩展并产生巨大吸附力的缘故。其实，伟大思想家都是有想象力的人，即思想的宏大并不完全依靠理念的推演，其中的魅力是因为有想象力在起作用，这些我曾称为概念的想象力和建构的想象力，但是思想体系大厦的负荷须落在某些逻辑支点上，否则就难以打开自由想象的空间。如柏拉图创造理想国，康德建构了纯粹理性，黑格尔则描述人类精神现象的历程等。只不过人们一般将此归于核心理念的演绎，不以为这是想象力，更没有认识到想象力要有理智的力量来推动和开辟。反过来，小说家、艺术家的想象力并非只是形象的想象力，还须有建构能力和思想的力量，这种建构能力决定了虚构空间的广度，决定了该空间能安放下鸿篇巨制呢，还是只能容得下一个精巧的小故事。换一种英国诗人柯勒律治的说法，就是用想象力锻造出有机整体来。不必奢谈莎士比亚、歌德、巴尔扎克、托尔斯泰等，或一定要以他们为例。中国当代的一些优秀小说家就有这种建构想象力，只是出于某些原因，这类想象力，似乎很难进入当代中国电影中去。毋庸讳言，小说与电影有很大的不同，仅仅从接受者角度分析，小说的读者就比电影观众更有耐心，不要求作者在开头短短的几分钟内靠噱头抓住读者，因此作者也比较从容，能悉心铺垫且徐徐道来。再加之小说是作者一个人完成的，前后的逻辑比较容易统一。因此以优秀小说为底本改编的电影，成功的概率就大一些。然而电影作为文化工业的产品，是多方面合作的产物，投资人、制片方、导演、编剧，再加上审查机构等，因此，多方协调的结果，往往是牺牲故事的内在逻辑性。

《驴得水》这类电影，有了一个好开端，下一步究竟应该怎样展开？想象的空间在哪里？观众尽管有期待，有冲动，但是他们只知道自己不想看什么，却说不出自己想看什么。每一个观众如果不是纯粹为了和恋人到那里消磨时光，坐到影院，总有几分期待，这种期待是开放的，希望影片的编导提供某些形式，满足自己的期待，即观众的欲望和诉求往往是没有形式感的，他到电影院来，就是希望找到可以投射欲望的形式对象，因此任何奇特的开局都会吸引观众，问题是如何将开局的奇妙延续下去，凭借形式的钥匙，打开虚构空间的大门，以吸纳观众的欲望。

每一部成功的电影依靠的是故事特有的逻辑，这特有的逻辑既可以来自日常生活，也可以来自奇诡的想象。前者是从平庸的生活中发现容易被人们忽略的意蕴，着意开掘。后者则是突破常规视野，进入某种奇葩逻辑。越是奇特的故事，其逻辑与现实生活的距离越远，因此不具有普遍性。之所以得到观众的广泛认可，不是依靠某种普遍性，更不是刻意迎合大众，而是通过对生活的独到的理解和阐释来获得观众的认同和尊重。独创性并不仅仅意味着与众不同，还要有自己的个性空间和内在的逻辑自洽。

当然不同的故事有不同的逻辑，例如卡夫卡的《变形记》有《变形记》的逻辑，《城堡》有《城堡》的逻辑，卡夫卡有将荒诞的逻辑延续下去的能力。按照加缪的说法，在卡夫卡的作品中，"一方面是日常生活的世界，另一方面是超自然的苦恼世界，而人的境遇（这是一切文学的公共场所）同时表现为一种基本的荒诞和严峻的伟大"。卡夫卡是"用普通事物表现悲剧，用逻辑性表现荒诞的"。难怪，在父亲面前特别懦弱的卡夫卡，面对自己笔下人物是残忍的，因为他要将荒诞性贯彻到底。如在《法的门前》，卡夫卡让那位乡下人年复一年地等待法的召见，直到生命终结，也没有跨进大门一步。在《变形记》的结局中，当做钟点工的老妈子用长把扫帚"从门边搔一下格里高尔"，又轻轻往他身上戳，不经意间才发现这个大甲壳虫死了时，估计所有的读者都会心寒胆战。卡夫卡笔锋一转，卸脱了压在萨姆莎·格里高尔一家人心头的负担，放他们轻松自在地生活，这需要作者多么强大的内心理智力量，才能将故事引到彼岸。

还是回到电影上来，那部轰动全球的《阿凡达》，尽管在奇葩逻辑中展开，却是现实的某种镜像。据说潘多拉星球上讲的语言是编导们下功夫专门为此编纂的，很是让人肃然起敬，本以为反正没有人能懂潘多拉星球生物到底在嘀咕什么，可以随便应付，没有观众会计较潘多拉星球的生物讲的是哪一种语言，或者这种语言是否符合一般的语言规律。但是影片的编导可能不这样想，他们或许认为这是创作过程中必须跨越的障碍，以保证影片的逻辑完整性。当然《阿凡达》这样的电影并非没有破绽，只是观众不太会追究其中的破绽，因为他们已经收获了日常生活中难得的体验。

用严格的推理目光来看，有一定长度的故事都是有破绽的，虽然精湛老到的修辞技巧能够掩盖故事的破绽，但是经不住细致反复的推敲。不过观众不会持续追究，他们满足的是编导们暂时把故事讲圆，在观影的两个小时内不出问题。虚构的空间只要能容得下一定时段的情节开展和相应的逻辑关系，就是成功，像前些年的《疯狂的石头》就是上乘佳作！

当然还有一种逻辑，就是张艺谋的大片逻辑，所谓大片逻辑，不是指电影的叙事逻辑，而是将所有吸引眼球的因素汇聚起来的逻辑：要有豪华的拍摄阵容，有无数"粉丝"的大明星，有色彩绚烂的宏大画面，再加上各种高科技的制作特技等。影片编导似乎把握了商业运作的套路，以为大众的观赏心理就是以上诸种因素一二三四的叠加，只要迎合大众或迎合资本，就能获得大成功。不过从影片内容上看，他们内心也狐疑彷徨，所以会尽量给出大而无当的视觉空间，找来最有人气的演员，并在其中塞满各种花絮，弄得色彩流淌四溢，就是没有坚实的叙事逻辑。至于故事片中最应该讲究的那个故事，居然被忽略了。就如烹饪，葱、姜、蒜、八角等调料一应俱全，却在主菜的食材上弄得马马虎虎乃至偷工减料。当然这类空洞而色彩斑驳的电影很可能有一个美妙的称谓叫"景观电影"，以呼应德波的《景观社会》，似乎有了所谓的宏大景观，有了光怪陆离，其他的一切都可以马虎。其实即便是景观电影，景观也应是视觉叙事的表达，有施展想象的空间，不该夸张空洞如布景。这里之所以命名为张艺谋的大片逻辑，就是因为，这位曾经的优秀故事片导演在近十多年来拍摄的大制作如《满城尽带黄金甲》等都是类似套路，似也影响了一批导演。

有时甚至觉得中国电影目前的不理想是多金闹的，一些小成本电影之所以不错，是因为资金捉襟见肘，编导只有在剧本的内涵上下功夫，别无出路。而一旦有了大把的钱，就容易在大场景和声色犬马上翻新花样，顾了面子，忘了里子。

三

艺术的功能广泛：探索、思考、娱乐，兴观群怨样样都有，说到底就是给心灵提供自由的空间。但就眼下的电影而言，娱乐是重头，所谓商业大片就是娱乐片，娱乐片就是应该获利的商业片。不过对娱乐的感受和理解并不划一。热闹和喧嚣是娱乐，私心快慰是娱乐，探索和思考也未必没有娱乐功能，感官满足和理智的欢愉，很难截然分开。如果仅将娱乐与感官的欢愉或视觉震撼联系在一起，放逐趣味和趣味背后的理智，只能算是瓦釜雷鸣。在此种情形下，浑水摸鱼的情况很严重，故事片没有拍好，声称自己是反故事，或者自诩为艺术片、探索片，甚至声称是为下一个世纪而拍摄等，意思是自己一脚踏进了后现代，怎么玩都可以，反正一切都没了规则和界限。既然现代性就有五六副面孔，后现代的脸谱就更加复杂多变。要绝对分清哪种情形是真诚的艺术探索，哪种情形是浑水摸鱼，是困难的。因为艺术从来就没有固定标准，艺术一方面和某种传统相关，和多年积累的表现技巧相关；另一方面又离不开具体的情景，而且在后现代语境中，艺术和情景的关系更加密切，在艺术展上涂抹的展品就是美术，在电影院上映的胶片就是电影，在诗刊上发表的分行的文字就是诗歌。可以说情景大于内容，或者说情景就是内容。

当然，鉴别后现代艺术作品的价值也相当容易，当即时的情景光晕褪去，还有多少能留存在艺术的沙滩上？

在艺术活动中，没有不变的情景，如主题、展品、场合和气氛、时尚和潮流都是构成要素。这些都不会被疏漏，然而主办者、策划者常常会忘却情景中最重要的一端：人！即观众（这或许是因为中国从来不缺起哄的人群）。亦即观众不经意间会被当成是几种心理要素的结合，或者是情景中的平均值，与色彩、音响、场面和展品同等地位。虽然是同等地位，其实观众往往是受愚弄的，因为在当代电影和艺术中，艺术家不阐释作品，有时既自欺，也欺人。

自然，在古典的或传统艺术中，艺术家也从不跑出来自己啰唆，因为作品就摆在那里。作品虽然是艺术家个体创造的，但规则是公共的；以规则来读解作品，虽然不是一目了然，总有大致的通晓。当代艺术，特别是后现代艺术，讲究小叙事和个人叙事，艺术的规则是自己设定的，使用的叙事语法可能是即兴创造的，就像自己在发行货币，这种货币只能在自身周围流通。因此，艺术家应该有诚意引导观众进入自己的虚构空间，并提示某种进入的路径。有时观看小剧场话剧，我们能在说明书中看到编剧的题记或导演手记，这就是诚意的导引。当代艺术往往既新鲜又很可疑，新鲜是因为有当下生活的投影，可疑是艺术家自己常常迷失在情景之中。因此许多作品不仅仅是观众难解，艺术家自己也游移其间，特别是在有一定长度的作品中，一些机敏的艺术家因其理智定力的薄弱，不足以将故事摆渡到彼岸，未完成的部分常常需要艺术评论家来阐释和完善。电影由于其长度，不可能只借助某种情景而成立，它必须以富有创造力的空间来接纳鉴赏力日益成熟的年轻观众，而艺术家们也必须以诚恳和良知来面对在信息开放时代成长起来的新一代观众。

好电影应该有空间、有景观、有内涵！

（原载《读书》2017 年第 9 期）

笔墨·修辞·境界

我周围的同龄人，退休后有不少在学国画，而且是画山水居多，画花鸟鱼虫的相对少些。他们为何要学国画，而且是山水画？说实话，在大都市里，画高楼大厦、马路广场、熙熙攘攘的人群容易，画花鸟鱼虫也可以，就是画山水基本上没有摹本。但是现在的情形，学国画在一些人那里好像就是指画山水，而掌握一些表现山石、草木、云水的具体技能和皴擦点染的笔法等，就算掌握了国画的基本功。当然具体到个人，为何学画山水的答案是多样的，如果从总体看，那就是一种文化惯性。

对于许多人来说，山水画某种意义上是人生修养的代名词，年轻时没有时间，没有机会，所以现在补上这一课。其实对于我们这个民族来说也是如此，山水画成为民族文化基因的一个组成部分。我们的楼堂馆所的装饰，挂壁的大多是山水画，典型的代表是北京的人民大会堂，不同的时期悬挂不同的山水画。当然留给我印象最深的，是当年傅抱石和关山月的巨幅山水《江山如此多娇》，不是因为亲见，而是从不同的媒体渠道所获知。

中国的山水画和中国的古典诗词是我们生活的一部分，但是它不是日常生活中最基本的部分，而是日常生活以上的那个部分。我常常想，在中国古代，山水画在一部分文化人的生活中，起着怎样的作用？

在五代和北宋以前，山水也是画家笔下的对象和题材，如何来处理它们，其实是一件有点头痛的难题。张彦远在画论中所谓"水不容泛""人大于山"就是指类似的状况，画家们在描绘山水时，尚未掌握相应的技能和处理方法，那时的人们比今天的我们离山水近得多，人们就生活在山水之中，山水不是人生的修养和境界的代名词，它是人类要应对和克服的对象，所以有愚公移山的故事流传。

这种情形到了五代和北宋有了大的改观，出现了荆浩、关仝、李成、范宽、郭熙等一批画家，中国的山水画进入了成熟期。从那个时候到现在，中国的山水画大的格局好像就奠定了，此后的变化基本在笔墨技法上。有学者从媒介学角度出发，讨论了国画笔墨技法的进展，认为这跟元代以来，宣纸的规模生产和制作工艺的提高有很大关系。或可说宣纸的讲究和宣纸品类的名目繁多，是对应笔墨的表现力的。所谓"轻似蝉翼白如雪，抖似细绸不闻声"，并非其天生丽质，宣纸的柔韧性、润墨性、吸水性和纹理细匀等优良特质，应该是在工艺水准不断的改进过程中达成的，作为媒材，宣纸是国画笔墨技法能够日益精湛的物质基础。

如果我们不了解笔墨技法，就无法看出山水画的门道来。就是说在宋以后的 1000 年时间里，中国的山水画基本上不是一个画什么的问题，而是集中在怎样画的层面上，亦即所画的对象是不容置疑的，关键在于怎样表现。而且表现的不是现实生活所见的山水，亦即山水画中的山水被抽象出来，成为普遍意义的山水，山水作为一种程式，出现在文人画中。像黄公望那样具体标出地点的《富春山居图》，在山水画中似并不占多数。即便表明了具体的地点，也不说明就是环境的写实表现。因为中国的山水画从来不以再现为目的，画得像不是有艺术修养或文化修养的表现，有时反而会显露出某种匠气，中国画讲究的是似与不似之间，难怪东坡先生有言："论画以形似，见与儿童邻。"

就似与不似的问题深入下去，或可以联系到西方的现代艺术和现代画。西方的象征主义、表现主义和超现实主义等是在对古典主义和再现艺术的颠覆过程中得到发展，只有对西方的模仿论和再现艺术有所理解，才能深切领悟西方现代主义崛起的历史背景。而中国画似没有这样明显的对前人的颠覆，尽管绘画的题材同样来自现实生活，由于没有形成坚固的写实传统和相应的理念，也就没有再现和表现的绝然分野。每一代画家都在传统中不断增添新的技法和表现手段，故使得山水画绵延相传，几乎成为国画的代名词。如果说西方的表现主义，主要表现的是画家个人的主观感受的话，那么中国画家对山水的表现不完全是出于个人的感受，更多的是对这样一个山水画传统的不断再理解、修正和再表达。也因此我愿意将它们称之为修辞传统。

从修辞传统的角度出发，也许就能理解前些日子在故宫展出的《千里江山图》所引起的轰动。不同的艺术评论家从不同的立场和角度出发，阐释了这幅被誉为"近千年来青绿山水画第一神品"的画作，并揭示画家是如何在传统中承先启后，怎样做到"技法精进"又"古意与创新兼备"的。如邵仄炯在《愿"千里江山"重启我们对于山水的感知力》一文中，讲了该画的几个特点：一、平面与立体的演绎；二、水墨与青绿的变奏；三、笔墨与心性的交融（《文汇报》2017 年 10 月 18 日，第 10 版）。应该说这三点评价比较中肯。可是文章的标题有点问题，似改为"重启我们对于山水的表现力"更妥当，因为这里讲的，基本是王希孟如何表现祖国的山山水水。另一篇文章是桑农的《〈千里江山图〉中的历史密码》，更让我感兴趣。该文就是从表现的角度来讨论此画的文化和政治含义。作者认为北宋画坛有两种山水模式，对后世产生深远影响，一是宫廷画中的"江山图"，一是文人绘画中的"云山图"。这里"江山"一词，不只是一个地理学概念，常常用来指代国家，而具有文化学和政治学的内涵。且看："图中的主峰一目了然。那座最高的大山顶天立地，仿佛是君主。其他略低的山峰或簇拥左右，或遥相呼应，连绵不断，仿佛是各级官吏，依次排列，共同构成了国家行政秩序的象征图像。"（《读书》2017 年第 10 期，第 171 页）当然，也有学者认为所谓"江山"云云，也可以看成是文化人精神视野的一种体现。

无论云山也罢，江山也罢，今天我们蜗居在闹市的公寓楼中，遥想山水之美，之和谐，之令人陶醉，故将我们的理想寄托在远方的名山大川，还有些许缘由。为何那时的文化人也将满腔情怀寄托在山水之上？既然那时的文化人本身就处在非工业化的社会环境之中，山水田园就在他们的周围，为何仍然能成为他们的寄托对象？这就不能不从我们的文化传统和人生信仰上查找原因。

我们知道宋以后，陶渊明诗歌的地位明显提高，陶诗的吟咏自然，无论是《归园田居》或《桃花源记》等所表达出来的境界，都成为文人所向往的境界。可以说，陶诗所表现的山水田园，既是大自然的山水，更是世外桃源的山水。考证陶渊明笔下的桃花林到底在何方？是在湖南某地，还是在其家乡浔阳附近？是徒劳的。若根据自然环境来印证，在神州大地可以寻觅到的样本不会在少数，如"山中宰相"陶弘景所隐居的茅山，或许也是这般的桃源之地，我们知晓那里"岭上有白云"，脚下有"清流见底"，可见桃花源并不一定囿于某个特定的空间，它存在于千山万水之间，当然更存在陶渊明的心中，在他的情怀里。这里的关键不是空间，而是要剔除时间。所谓流俗，其实就是时间。因此桃花源中人"不知有汉，无论魏晋"。

中国的山水画与上述诗文相仿，它表现的是画家最惬意的自然空间，拒绝的是时间，是现世！所以它成为文化人脱离俗世，或逃避官场的一条途径，也可以看成是文化人对高于眼前现实生活的一种寄托。这一寄托一直延续到现在，如我们武侠小说中大侠的作为，除暴安良后就遁世而去，寻一处山水宝地，逍遥化外。这是因为在中国人传统的信仰中，是没有天堂的，倒是有世外桃源。想必跟老子和庄子的思想有渊源关系。

由此可以说，中国的山水画最初来自画家对大自然，对生活的观察、体悟和描绘。慢慢地在演进过程中，由于山水空间演变为人生的理想空间和境界空间，所以自然山水成为一个与世俗社会平行的另类空间，于是山水画的题材仿佛凝固起来了，画家们对绘画的技法或者说修辞手段的关注取代了对绘画题材和绘画对象的关注。即文人们除了对山水和特定的几种花鸟鱼虫感兴趣，对其他的大自然现象的兴趣和关注（当然更包括社会现象和生活百态）几乎统统被屏蔽，多少年以来，文人画的对象就集中在这样一个狭小的几近固定的题材领域中，一再被表现和重复表现。当然，文人画在题材这个领域虽然没有广度上的拓展，但是在深度上，即在另一个维度上却有上千年的绵延，于是绘画技法和与此相关联的表现手段及其漫长的表现历史渐渐成为独立的关注对象，并且越到后期，绘画技法和表现手段越是可能演变为某种程式和套路。即前期的山水画论如郭熙的《林泉高致》等，是由表现观念到表现技法的呼应的，即有"画意"的引领，然后再落到"画诀"上，如"山水先理会大山，名为主峰。主峰已定，方作以次……""林石先理会大松，名为宗老，宗老意定，方作以次……"（郭熙《林泉高致》，载俞剑华编《中国画论类编》，人民美术出版社1986年第二版，第642页）

再深入一步到描摹具体物象，则是："山有戴土，山有戴石。土山戴石，林木瘦耸；石山戴土，林木肥茂。木有在山，木有在水。在山者，土厚之处有千尺之松；在水者，土薄处有数尺之蘖。水有流水，石有磐石；水有瀑布，石有怪石。瀑布练飞于林木表，怪石虎蹲于路隅。雨有欲雨，雪有欲雪；雨有大雨，雪有大雪；雨有雨霁，雪有雪霁；风有急风，云有归云；风有大风，云有轻云。大风有吹沙走石之势，轻云有薄罗引素之容。店舍依溪不依水冲，依溪以近水，不依水冲以为害。或有依水冲者，水虽冲之，必无水害处也。村落依陆不依山，依陆以便耕，不依山以为耕远。或有依山者，山之间必有可耕处也。"（同上）

由宋到明清，山水画总体上是一脉相承，但落实到细微的画法上各有千秋，也因此像董其昌在其《画禅室随笔》中似更加突出"画诀"。在许多明清画家的著述中，亦颇多《画诀》类似的出版物，如笪重光的《画诠》，龚贤的《画诀》，秦祖永的《桐阴画诀》《桐阴论画》等，都进入到十分具体的笔墨技巧之中。譬如："画须先工树木，但四面有枝为难耳。山不必多，以简为贵。"如："作云林画，须用侧笔，有轻有重，不得用圆笔。其佳处在笔法秀

峭耳。"（董其昌《画禅室随笔》，载《艺林名著丛刊》，中
国书店 1983 年版，第 35 页）再如："松叶宜厚，画松平
顶多于直顶。画松正与画柳相反，画柳从下分枝，画松枝
在树杪。柳枝向上，松枝两分。画柳根多，画松根少，松
宜直，柳宜欹。松针宜平。"（龚贤《画诀》，载《艺林名
著丛刊》，第 6 页）又如："作画最忌湿笔，锋芒全为墨华
淹渍，便不能著力矣。去湿之法，莫如用干。""用笔要
沉着，沉着则笔不浮，又要虚灵，虚灵则笔不板，解此用
笔，自有逐渐改观之效。"（秦祖永《桐阴画诀》，载《艺
林名著丛刊》，第 1 页）从内容看，这些像是对初学者而
言，感觉上是在做普及工作，指点入门路径。同时也表明
在当时，人们对绘画经验的积累和某些程式的运用已经有
了相当老到的认识和总结，并且这些经验和总结进入了出
版和传播过程。

　　由于山水画在其传播过程中构成了自身的修辞传统，
因此在 20 世纪初西风东渐，西方的写实传统进入中国时，
特别是苏联的教授（如马克西莫夫等）进入中央美院执教
的 50 年代，我们的国画传统受到了挑战和质疑，因为从
写实传统看，修辞传统的过度发展有点本末倒置，首先在
物象的呈现上，国画不是从真实再现出发的（批评者如果
从再现立场出发，对国画的批评真是多多，如光线的来源
不真实，也没有视角的聚焦等），所以与此有关的修辞和
手法都是离谱的。

　　这里不由想起吴冠中关于"笔墨等于零"所引起的一

场争论。吴先生的言论是由一位国画家在美国用中国的笔墨技巧画山水画所感言,因为美国的山山水水一进入中国画的程式,观众自然就会感觉这是中国的山水。所以吴大师的意见是,国画的笔墨技巧不能离开具体的语境随处运用。有时我也想过,中国国画的野外实地写生是否有点多余?既然在国画中不以真实再现为追求目标,且手中之山和眼中之山或胸中之山是不一样的,手中之山往往不是眼中之山,而更靠近胸中之山,又何必要将画架搬到户外?倒不如多多观察自然山水、徜徉于自然山水,多多临摹大师作品或积累摄像资料,提升图像的感知能力,创新修辞手段,而不必拘泥于实地写生,描摹对象。当然,我的外行说法遭到业内人士的批评性回应。他们告诉我,野外写生是为了提升初学者对于大自然和山川草木的感受力,以及对于物象的把控力。国画讲究的是物象和心象的交融,因此对物象的描摹是入门的重要一环,此乃"外师造化,中得心源"之谓。

当然,数年后张仃教授以《守住中国画的底线》一文,回应了吴冠中的论点,认为中国画的底线就是笔墨,没有笔墨就没有中国画。

两位大师在自己的语境中各有各的道理。吴冠中的观点的着眼点在于面对不同的表达对象,应该有不同的修辞技巧,艺术不是技术,不是以程式化的方式来应对所有的对象。艺术的生命在于创新。正是创造,艺术才能够是永恒的,但是技巧不是永恒的,笔墨不是永恒的。技巧或修辞是有特定情景的，情景的具体性和限制性就是技巧或修辞的边界。超越了边界，笔墨就等于零。

　　但是在另一种情形中，笔墨又不等于零，因为笔墨技巧构成了中国画绵长的修辞传统，这一传统在上千年的演化中已经独立于被表现的对象。也就是说，笔墨技巧不仅仅是表达自然山水的修辞，它自己本身也已经成为某种坚固的传统，成为有意味的形式，成为某种趣味的代表。它既是文人画家们切磋的内容，亦是交流的话题。它构成中国深厚的传统文化土壤。如果一定要探究中国画的笔墨技巧作为表达手段到底是为哪种主体而存在，那么它应该是中国文化人人生境界的修辞。

（原载《书城》2018 年第 5 期）

修辞与新媒介

　　诗歌界有一个说法基本为人们所接受，诗歌不能翻译（当然说"基本"是因为我听到过相反的说法）。这句话不是说基本意思不能翻译，而是指翻译会损害诗歌原有的韵味。就这点而言，不仅外文诗不能翻译，就是中国古诗也不能翻译；不仅中国古诗不能翻译，就是中国古代散文也难以翻译成白话文。现在由于出版资源和条件的允许，许多古文有了今译本，即不仅有注释，还有现代汉语的整段整篇的翻译，对于古文基础不好的人是一个福音。大段古文，我们用眼一扫，就明白其中含义。但是，如果一篇古文，我们用几分钟读完它的译文，和读原文感受完全两样，如《过秦论》《滕王阁序》等，一经现代汉语的翻译，完全没有味道了。

　　什么是文章或诗歌的韵味？有人说韵味难以言传，如果可以言传，那就是可以翻译。我在基本同意这个说法时，想举一个例子，泰戈尔在《飞鸟集》中有一句诗："I leave no trace of wings in the air, but I am glad I have had my flight."可以有若干种翻译，当我读到"天空未留痕迹，鸟儿却已飞过"，很是赞赏；待到我看到另一种翻译，"天空中不留下鸟的痕迹，但我已经飞过"，或者"鸟儿已经从天空中飞过，但是没留痕迹"，忽然对译者的工作有了更深的理解。当然，这两种翻译高下立判。差别在哪里？前者在修辞上下了更大功夫，我觉得是修辞开拓了诗歌的意义空间。因此我想，所谓韵味就是修辞。其实韵味这一说法，本身就是一种修辞性表达，因为音韵本来是指声音，现在是来喻指诗歌的某种意义。所谓诗歌不可翻译，严格来说，是修辞难以翻译的缘故。当然，译者造诣高超，译作的水准超于原作也存在着这种可能。这么说也是一种不可译，因为这使原貌失真了。修辞之所以难以翻译，是因为修辞中带有文化的全部传统。我们常常说某种语言美，某种语言不美，其实是跟自己对这一语言的熟悉程度紧密相关的。每一个人都有权利说自己的母语最美、自己的民族语言最美。如果客观一点说，某种语言的历史越悠久就越美，因为语言的历史越长，语言表达就越丰富，修辞的手段会越发多彩，其意义空间就越宽阔。在这点上，我认为中国的汉语最美，因为有两千多年的语言史作底蕴。当然英语和法语的历史虽然没有汉语悠久，但是如果从语言的语源上追溯拉丁文和古希腊文，并且我们稍微懂一点的话，同样会说英语和法语很美。

修辞是语言表达的手段，是语言学和叙事学诗学范畴的研究课题，本来和科技没什么关系。然而，21世纪的今天，情况发生了很大的变化，新媒介和新科技侵入到修辞领域中，或者说我们可以从修辞角度来认识这个问题。

前些年李安的电影《比利·林恩的中场战事》，引起颇大的热议，议论的焦点就是那3D/4k/120帧版本的拍摄影像所带来的观影效果，或者说，这一高清晰度的拍摄技术对于影片故事的叙述到底产生了什么样的作用。当然不管观众认不认可，新的拍摄技术肯定会带来某种效果或反效果，即新技术的运用和艺术的发展结下了不解之缘，特别是在影视艺术中。因为影视艺术就是在技术、媒介创新的条件和环境中产生的。因此一种新技术的运用，就是引进一种修辞方式。

有时我会想到"文革"时的革命样板戏，如果排除政治用意，那么可以看成是在古老的京剧中用了新媒介修辞。比如用交响乐来替代京剧原有的伴奏器乐，或者钢琴伴唱《红灯记》。最近我听到苏州评弹《珍珠塔》就是由电子音乐伴奏的，很是享受，这情形和交响乐的京剧有相似之处。

我曾在多年前写过一篇短文，讨论观念的艺术与技术的艺术之间的关系。所谓观念的艺术，往往是指传统的艺术形态，即艺术的发展和变化往往是观念上的突破所带来，例如叙事艺术，两千多年来基本的手段是语言和文字，不太有新技术的用武之地。因此艺术和技术是不在同一层面的讨论对象，技术的精细只是在改变人们的物质生活方面发挥作用，而艺术的改善和精巧关乎人们的精神生活整体。

然而随着新科技和新媒介的迅猛发展，技术和艺术的界限不可能像以前那样可以做清晰的划分。因此，有学者认为，"技术是无形的形而上学"。这不是说技术是无形的，而是说新技术、新媒介带来的观念变化往往是隐性的，不太容易被人们所察觉。

其实这种情形，在视觉艺术和造型艺术方面早就有所表现，因为绘画和雕塑，在材料上的变化比较多样复杂，一种新的材料出现，会带来新的美学效果。新材料可以看成是新媒介，如油画的颜料、雕塑的新材料等。当代艺术展，往往同时是新媒介艺术展，特别是装置艺术，几乎没有什么材料不可以在装置艺术作品中出现。不过，一般性的东西方美术史很少讨论材料方面的变化，更多的是关注画家风格和技法上的变化，这是因为传统上，人们更多地认可观念的艺术。

不过今天的影视艺术在某种意义上更偏向于技术的艺术，因为所有的新媒介技术一旦产生，往往会被应用于电影或电视的拍摄中。以金庸武侠小说为例，他的《射雕英雄传》《天龙八部》《笑傲江湖》等都被翻拍了许多次，每一次拍摄所带来的新意，往往不在故事，而在技术的表现。由于有了影视特技和新的电脑制作技术，呈现的画面已经不是一般意义上的故事背景或环境，而是成为一种新的景观。之所以金庸的武侠小说成为翻拍对象，就是因为在这样的虚构故事中，一切新技术都有用武之地。应该说翻拍金庸小说，可能翻拍者首先想到的是我能通过技术在画面观感上带来什么样的新感受，而不是在故事的内涵上有多大拓展。或者说，故事的内涵同时应该包括不同的层面，即情节的层面和视觉感官的层面，而后者往往调动的是新技术手段。

现在再来看上文提及的千年不变的叙事艺术，我们会发现，其实在叙事艺术中，也有类似情形发生。当然作为叙事者，作家是用本民族的语言文字来创作，如果一个作家在同一个文本中同时用了另一种语言，某种意义上就是用了另一种媒介。例如，据说乔伊斯在《尤利西斯》和《芬尼根的守灵夜》中就使用了多种语言，那么这些不同的语言就成为小说的修辞。尽管从以往文学批评的立场出发，人们对这位小说家的"意识流"手法更为称道，因为意识流开辟了小说的表现空间，使得20世纪的小说有了新的动力；用今天的眼光来看，这本书对读者构成的真正障碍应该是小说的多种语言并用，而不是意识流。因为一旦人们在观念上接受了意识流，意识流不但不成为阅读障碍，而且还会成为阅读的激励。但是要能感受乔伊斯小说的韵味，恐怕得有更深的语言底蕴。当然语言媒介不同于新技术媒介，语言媒介是在历史和传统中慢慢形成的，人类的语言虽然在发展，但是基本上是相对稳定的，它的维度总是有限的，并且接受语言的修辞需要某种长期的修养。

新技术媒介情况就有所不同，它们总是能开辟新的修辞空间，也就是说，没有新媒介，人们可能永远体会不到修辞会有那么多难以预测的空间和方向。

这里或许可以将修辞分为两个大类：一个是同形态修辞（同媒介修辞），即语言作品的修辞是语言，绘画作品的修辞是线条、色彩、构图等绘画要素，影视作品的修辞是各种影像手段（当然影视作品的修辞比较复杂，有多个维度）。另一个是异形态修辞（新媒介修辞），如文字中间掺杂图像和各种符号。如果说以往我们所理解的修辞基本是同媒介修辞，那么今天的微博、微信、社交媒体上，基本是各种形态修辞混合在一起。应该说越是新媒介，越容易产生修辞。

一直以来我们把社交看成一种行为、一种交往实践。除了语言是社交的一种主要手段，其他握手、致意、送礼，参加某种仪式，开某些会议……都可以视为社交。因此在社交媒体上，各种表达都成为这一行为的修辞手段。由于社交媒体是互联网的产物，所以各种新媒介都可以转化为社交表达的修辞。当然，在所有的行为中，语言是社交的最重要手段，所以即使在新媒体上，语言和文字同样是最常用的手段。由此，我们把其他的表达看成语言文字的修辞，其实应该说它们都是社交行为的修辞。不过将修辞的概念从语言扩展到行为，容易使其泛化而失去内在的意义。

保尔·德·曼在《符号学和修辞学》一文中谈到形式

主义批评兴起后，文学或文本的外在形式和内在意义的变化，即"形式现在是一个唯我论的自我反射的范畴，而指称意义被当作是外在性的。虽然内部和外部的性质已被颠倒过来，但它们仍然是同样的起作用的极性"（《阅读的寓言》）。也许人们以后寻找意义，不一定是在言辞的指涉中体会，而是在新的媒介手段中来发现，新媒介在转移人们的注意力，使人们把修辞作为目标来追寻，其结果是修辞侵入了意义的范畴之中，生成了新的意义。

当然，形式主义批评关注的是同形态修辞，在同形态修辞中，读者能比较修辞技巧的高低，或者赞赏某位诗人精湛或炉火纯青的笔触（就如保罗·德·曼对里尔克诗歌中的"修辞手段"所做的精微分析）。但是在异形态修辞中，情形就十分复杂，因为它们不在同一个语义轴上，难以做出相应的评判。如果说同形态修辞是水平方向的，那么异形态修辞就呈现立体形态。因此，20世纪二三十年代以来形成的形式主义批评就遇到了巨大的障碍。不过新媒介的出现，也给这一批评开拓了新的路径，带来新的挑战——如何将不同的表达，凝固为某种形式，或者说如何在新媒介中发现可以称之为修辞的形态。在这方面，装置艺术的出现，特别考验批评家的水平，如何读解装置艺术成为一道道难题。

装置艺术占据了一个偌大的空间，而空间中放置的物品对许多观众来说是猝不及防的。当观赏者进入此空间时，路线和方向也是不同的，目光的投射也比观看架上画要散乱得多，当然更没有"传统"的表达模式和由此派生的鉴赏习惯可以借鉴，这就造成了读解的困惑。或许不能把装置艺术的表达方式作为修辞来看，而首先应该看成是句法。因为只有在读懂句子的前提下，人们才会接受修辞。所以在某种意义上，众多装置作品各有自己的句法和逻辑，在此基础上，它们是互为修辞的。就好比许多先锋艺术是互为修辞的，所有让观众错愕、惊诧的作品，都在共同表明"我们是艺术先锋，我们在探索，我们是在开拓新的艺术空间"。亦可说，一种探索是另一种探索的修辞，一种新媒介是另一种新媒介的修辞。

（原载《读书》2019 年第 8 期）

形式即经验

这个话题和苏珊·朗格的著作《情感与形式》多少有点商榷的意味。

一

当然起这个题目是由莫言的小说《檀香刑》而来，小说写到菜市口斩六君子，这六君子的表现居然没有我想象中的英雄气概，林旭、康广仁、杨深秀，哭哭啼啼，磕头如捣蒜，求饶开恩，就连大名鼎鼎的谭嗣同，在其中的表现也不算上佳，那首诗"我自横刀向天笑，去留肝胆两昆仑"也没有当众铿锵而出。其实我是相信当初没有这样壮烈的场景（据说该诗是事后梁启超改的，谭嗣同的原诗不是这样），但是这种紧要关头，文艺作品可以虚构一番。

我想可能莫言是得到了某些秘籍，或活着的百岁老人口授见闻，知道了许多鲜为人知的故事，所以就如此处理了六君子的表现。终于有机会见到莫言——那时见莫言相对容易。问起此事，想不到莫言告诉我，该书中除了光绪二十六年二月初二是公元 1900 年 3 月 2 日，他特地查了一下，其他都是虚构的。

我想把光辉形象的六君子，写成这等模样，他们的后人会不会找上门来，当时想到的例子是前几年有关方伯谦的后人，为其在甲午海战中是否临阵逃脱打过笔墨官司。所以也担心六君子的子孙们聚集到高密去和莫言论理。自然，后来也没有看到这方面的笔墨官司，想想也是，即便他们找到莫言，也没法证明他们祖上在临刑前没有哭哭啼啼，而是大义凛然，慷慨陈词。

莫言的坦诚相告，对我简直是醍醐灌顶，不仅刑部大堂的首席刽子手赵甲是毫无原型的，整部小说写义和团和八国联军进京的情形和历史上的情形都没有太大关系，历史只是一个背景，其他均出于小说家言。当然，80 年代初，自己也发表过两三篇小说，在那个似乎人人都写小说的年代，我以为小说家比其他文字工作者更有想象的权力，只是我对艺术想象的理解还停留在"典型环境中再现典型人物"的阶段，想象只是为了使我们更加接近真实而已。由此总以为艺术家的想象是在真实基础上的展开，或者说通过想象来接近真实。在我下意识中，"六君子"一个个都是"慷慨歌燕市，从容做楚囚"的气派，至于为什么应该是大义凛然的形象，其实是思维的惯性，而我们常常理解为真实。

如果以绘画来对比，我的想象观还停留在古典主义或印象派阶段（最多是后期印象派），而莫言等作家已经进入象征主义、表现主义和超现实主义。且不管艺术家怎样表现主义，怎样超现实，也无论观众们三三两两停留在哪一层艺术鉴赏的阶梯上，他们总是可以，也经常借助现实生活来读解这些作品。

许多小说家们也声称，他们的创作来自某种人生经验，来自生活的启示。但是有一点，所有老练的作家没有明说，或者说毋庸强调，就是创作来自形式感的表达和对其熟练地驾驭，创作的经验首先来自把握形式的经验。不必说莫言的《檀香刑》，不必说有关整个施刑过程和那套奇特的檀香刑刑具是向壁虚构的，就是与此相关的那个时代和历史环境也是作家信手写来，完完全全与真实生活无关，是小说创作的形式感和某种表达节奏，引领着他这么一章一章写下来。如果读者因此在其中领略了生活和历史，那是读者自己的感觉。因为他们基本凭借生活经验来理解艺术，而不是从艺术经验出发米表达生活。

二

苏珊·朗格的《情感与形式》是这位哲学家、符号学家20世纪50年代的著述，我在80年代中期阅读时，把它作为文艺理论的新学来接受的。不料在20年之后，竟然在媒介环境学的系列著述中再次相遇，有学者将她的符号学理论当作媒介环境学派来阐释，其来有自，也使我有刮目相看的惊讶。由于她是承卡西尔的学统而来，因此这里所说的形式就是指符号和符号系统。苏珊·朗格要给势头渐缓的形式主义思潮提供符号学的学理基础，故她将艺术作品看成是某种封闭的符号体系，这一符号体系能够表达某种相应的情感和经验，因为创作过程是一种艺术抽象的过程，具体丰富的情感经验被纳入符号形式之中，并在一定意义上可以得到充分的展示。因此情感和符号形式是艺术作品的两端，一部好的艺术作品必定是这两端结合很完美的作品。这一理论将艺术创作分成了内外两个部分，即内在部分是情感经验，外在部分是符号形式。在一般意义上我们可以承认这一两分模式，毕竟情感经验是一回事，艺术的表达是另一回事。以这一理论来读解艺术，似乎也合辙，无须说诗歌、小说和绘画，即便在比较形式化的音乐与舞蹈中，人们至少也会有情感的投入。

然而在创作时，俘获艺术家的某种情绪是否就会反映到作品中，并得到淋漓尽致的表现？符号形式与艺术家的情感经验是否一一对应？这是从未被持续探讨过的一个极其广阔的领域，当然，时不时人们会有所涉猎。例如，汉斯立克在其《论音乐的美》中强调，音乐是乐音的运动形式，它不是对人们情感的摹仿。汉斯立克反对的当然不是一百多年后的苏珊·朗格，他针对的是当时的浪漫主义的美学思潮，这一思潮认为音乐表现情感，乐音是某种激情的体现，是"按照生活来描写灵魂的波动和心灵的爱恋"或者"音乐的任务是唤起情感，并通过情感唤起某些观念来"等等。

其实，只要不人云亦云，进入艺术创作过程，就会发现形式不仅是形式，形式本身就是一种经验，或者说形式构成一种经验，即如何驾驭形式的经验。一个画家最充分的经验是在画布前挥笔涂抹的经验，不是在野外的其他经验。同样，一个作家其最充分的经验就是在案台前写作的经验，不是像堂·吉诃德那样四处历险的经验，用村上春树的话来说，就是"独自一人困守屋内，'这也不对，那也不行'，一个劲地寻词觅句，枯坐案前，绞尽脑汁，花上一整天时间，总算让某句话的文章更加贴切了，然而既不会有谁报以掌声，也不会有谁走过来拍拍你的肩膀，夸赞一声'干得好'，只能自己一个人心满意足地'嗯嗯'颔首罢了。成书之日，这世上可能都没有人注意到这个贴切的句子"（《我的职业是小说家》，[日] 村上春树著，施小炜译，南海出版公司 2017 年版，第 14 页）。

形式即经验，是认为情感与形式这两分的理解模式不一定符合所有艺术创作的实际情况，因为这里将形式放在情感经验之外，其实形式不仅仅是情感经验的表达。它本身也构成艺术的经验。人们在学习之初，以临摹开始，就是试图掌握某种表达形式，本身就是在体验和经验过程之中。这点在中国当代艺术中比较显著，中国当代艺术的起步就是在向西方艺术学习或借鉴或摹仿中踏上征程的，无论是波普艺术、行为艺术、装置艺术，还是观念艺术等，开始就是要像这么回事，就是在形式上要向西方的前辈靠拢。

在文学中，关于形式的经验很少有人谈及，以为形式就是形式，有某种确定性。其实随着小说创作越来越丰富，形式也越来越复杂，还是以莫言的小说为例，他的《丰乳肥臀》开卷的写法就是作家特有的形式感的最佳体现。

这里特有的形式感，是指莫言的这种写法，将上官鲁氏生孩子的场面写得如此规模，血淋淋，充满戏剧性。上官金童的出生是在日本鬼子进村的紧要关头，占了小说的整整一章，短短的个把时辰，交织着四五条线索和十来个场景，上官鲁氏的难产，马洛亚神父祈祷与无奈，请仇家孙大姑来帮忙接生；正逢上官家的黑驴子初生小驹，一大半的注意力在牲口身上；大户人家司马家的逃难与三五民兵的抵抗日本鬼子；上官家的七个女儿去河里摸小鱼，枪弹在头顶飒飒飞过；日本兵的滥杀无辜，上官家的男人和孙大姑倒在血泊之中，最后连老年的上官吕氏也送了性命；日本军医正好赶到，救活了濒死的上官金童等母子（女）三人。……

笔者能感觉到作家的笔触在描绘这些场景时的穿梭自如，驰骋无碍，甚至有点欢快。"欢快"？这不是在描绘人间惨象吗？是的，景象是惨烈的，在成功地展示过程中，有某种意义的"文本的快乐"，在各个场景的跳跃腾挪中，作家得心应手，整整一章三万余字，一气呵成。

三

叙事头绪的错杂交替就是小说艺术丰富性的标志，也是小说经验是否老到的体现。这里形式是开放的，它不仅仅是指苏珊·朗格所关注的符号系统，还必然有意想不到的非符号因素加入。如果形式是封闭的，那么形式就蜕化为程式，就是套路。在套路中，许多新鲜的经验就不一定能体现出来，因此当这里说到形式，就是开放的、发展的形式，或者就是热奈特所说的叙事话语，而不是程式。热奈特的叙事话语是以《追忆似水年华》为分析文本，从叙事时序到频率，从语式到语态等，可谓细密而周详，仍然不能涵盖所有叙事过程的所有方面。因为叙事艺术的丰富性几乎等同于全部历史的丰富性。

当然，形式这个概念由不同的人使用，内涵并不一样，并且因其使用过多，有点像"本质""存在"这类伟大的、经久耐用的词，可以在不同的语境中表达不同的含义。不过，笔者在这里所说的"形式"是个人化的，类似海德格尔所强调的"此在"，是个体在具体的时间过程中所摸索、所运用的特有的表达方式。借用一下克莱夫·贝尔所谓的"有意味的形式"，这一形式不是先天给定的，不是历史预设的，而是艺术家在创作过程中逐渐形成起来的结晶。"有意味的形式"，不是某种统一的模式，它应该内含于个人创作的艺术体验之中。对于初入门槛者，借助形式只是为了使一首诗歌或一篇小说写得像而已；对于成熟者而言，形式就是表达的媒介，驾轻就熟；倘若更进一步，就是浑然一体和推陈出新。

必须说明，克莱夫·贝尔概念中的"艺术"是特指音乐与美术，不包括文学。因此所谓"有意味的形式"并不包括文学形式。因为文学的形式并没有从日常语言中分离出来，可能永远也无法分离。文学的语言形式是隐晦的、难以界定的，它与日常生活和日常语言没有绝然的界限。尽管人们不缺乏判断什么是文学作品的常识，却总不断有人会发问"什么是文学"。这一设问就是想把文学的语言文字形式和非文学的语言文字形式区分开来，但是问题一旦抽象起来就进入困境，因为几乎同样的文字或段落，在某种情形下很文学，在另一种情形下就不怎么文学。

以前述莫言《丰乳肥臀》为例，我主要不是说，作家能把生孩子过程写得如此惊天动地，充满戏剧性，而是说作家居然把如此多声部的乐章推进到炉火纯青的境界，是作家在长期的写作过程中积累的形式感爆发。齐头并进的多条叙事线索交织在一起，纷乱之中不失旋律，某些清亮的音节给人留下深刻难忘的记忆。例如上官吕氏对儿媳的一段告白：

上官吕氏拍打着手上的尘土，轻声嘟哝着："你呀，我的好儿媳，争口气吧！要是再生个女孩，我也没脸护着你了！"

两行清泪，从上官鲁氏眼窝里涌出，她紧咬着下唇，使出全身的力气，提起沉重的肚腹，爬到土坯裸露的炕上。

"轻车熟路，自己慢慢生吧，"上官吕氏把一卷白布、一把剪刀放在炕上，蹙着眉头，不耐烦地说，"你公公和来弟她爹在西厢房里给黑驴接生，它是初生头养，我得去照应着。"

老实说，在读这段文字时，我完全忽略了其中的形式和作家的炫技，忘记了这是小说，而直接把它看成是生活的反映。

四

表现形式和现实生活是镜像关系还是象征关系？在叙事艺术中不是能截然分清楚的，但是任何形式都无法阻止人们在其中有对生活的领悟。艺术家在表现形式上所下的功夫和多番锤炼，作为读者和观众并不能完全领会，但是这不影响观众为之倾倒、痴迷，这就是所谓的最高技巧乃是无技巧。最高技巧是在艺术家，无论是苦心经营，还是神来之笔，只有他自知甘苦，无技巧是于观众和读者而言，他们在观赏过程中可能毫无察觉作家的良苦用心，他们用情感用生活来读解作品。不过这种情形大抵是指传统的叙事作品，在现代主义那里，最高技巧不一定是无技巧，而是要显露技巧，就如詹姆斯·乔伊斯的《尤利西斯》，在各章之间不断变换各种叙事手法，以引起读者对小说形式的关注。如在小说第二部分的第一章中，读者见到的是"明晰而富有逻辑性的乔伊斯文体"；第二章"则采用汩汩流水般的意识流手法"；另一章中，又运用"多棱镜似的揶揄式摹仿"。乔伊斯为何如此炫技？纳博科夫的解释是："并没有特殊的原因，尽管没有特殊的原因，但是通过辩论可以证实，视角的不断变化传达了更为多样的消息，来自这个方面或那个方面的新鲜生动的细节。"（《文学讲稿》，〔俄〕纳博科夫著，申慧辉译，生活·读书·新知三联书店1991年版，第387—432页）不同于后来的纳博科夫，托马斯·艾略特在这位作家还没有像日后享得如此大名时，曾不无担忧地说：乔伊斯暴露了所有文学风格的无用。这是危险的信号。（《乔伊斯》，〔爱尔兰〕埃德娜·奥布赖恩著，李阳译，生活·读书·新知三联书店2014年版，第178页）艾略特所说的文学风格自然是指20世纪以前的传统叙事风格。而刻意显露技巧的现代主义的出现，多少与形式主义思潮的兴起相关。

自然，讨论形式即经验，仅以叙事艺术和语言艺术为例，还不是特别有说服力。因为叙事艺术和日常生活，日常生活语言很接近，甚至难以区分。若是在音乐、绘画、舞蹈中，表现形式是可见的，因此要成为艺术家，首先是学习和掌握某种形式，艺术经验亦即把握形式的经验，由此寻找新的形式和表达途径构成了他们的艺术生涯。而驾驭形式、克服表达障碍的经验成为艺术经验中最重要的组成部分。至于某种形式在多大程度上与我们的生活实践相关联，取决于多方面的因素，如艺术传统、社会心理、批评家的阐释、具体的语境或个人的感悟等。

巴特·刘勰·文本意识形态

想写这个题目颇久了。

詹明信《晚期资本主义的文化逻辑》的第一篇就是"文本的意识形态",那么是否在晚期资本主义的文化逻辑中才发现文本意识形态(尽管这是编辑者将相关的文章辑录在一起,但是詹明信本人知道此书的出版,可以认为他认可这一编排)?而我的感觉是太晚了,中国早就有文本意识形态了,那就是刘勰的《文心雕龙》。

意识形态概念相对为人们熟悉,无论是马克思在《德意志意识形态》中所说的"虚假意识",还是阿尔都塞的个人与其生存环境之间"想象关系"的意识形态理论,对我们来说都不陌生。但什么是文本意识形态?詹明信没有直接界定,倒是通过他的一系列相关描述,我们知道作者的立场,即"那种把文学文本看成一些句子的组织生成的观点",而不是将文学作品当成"有机统一体"来对待,就是文本意识形态,或者这是一种"意识形态化"的解析方法。

在詹明信看来，这一理解文本的方式，可以"称之为水平的方式"，以区别于那种有"深层结构的'垂直'的模式"。因为"在这里，文本生产的模式有助于强化作为个别的、孤立的句子的意义，而这与传统的维持一个美学上的整体性的努力（每一部分都按一定等级划分组织起来）就构成了鲜明的对照"。这样，作者至少传达了一层意思：在所谓的晚期资本主义的文化逻辑中，文本不是纵深方向结构的，而是平面的、无深度的拼贴，是一种马赛克文本。

詹明信在《文本的意识形态》中，主要的篇幅就是讨论罗兰·巴特的《S/Z》，换句话说，是该书为詹明信提供了文本意识形态的样本。《S/Z》是罗兰·巴特对巴尔扎克的中篇小说《萨拉辛》所做的文本分析（更确切地说，是对文本叙事做语码分析），这不是一般意义上的文学批评，罗兰·巴特的意图与众不同，以他自己的话来说，该著述"不谈及巴尔扎克，也不涉及他的时代，我探究的不是他的人物的心理学，文本的主题学，逸事的社会学。我想起电影摄影机的基本技艺，能够分解一匹马的疾行，我也试图以慢镜头拍摄对《萨拉辛》的阅读过程"。

所谓慢镜头，是将《萨拉辛》全文（中文译本有两万多字）分解为 561 个语段单位（在某种意义上可以看成 561 帧画面），之所以划分得如此细密，巴特是想告诉读者，文本是怎样一帧一帧地编织而成的。这里，罗兰·巴特既是剪辑师，又是讲解员。

如果以现实主义的方法来分析作品，那么一部作品是由情节、性格、言语、思想、形象等几大要素构成的（参见亚里士多德：《诗学》），批评家要从人物性格、故事情节和剧作思想的设置等方面来讨论作品，如果以形式主义方法来读解，则要关注文本的语言学层面，转喻和暗喻，或者陌生化效果等，这些都不是他想要达成的目的。当然作为结构主义大师的巴特，也不想用结构主义的方法来解文本，他发明了诸多语码，来缝合这一文本，因此这561个单位尽管长短不一（一个单位既可以是一个词语或是一个句子，也可以是一段对话，或者是长长的段落），但是每个单位至少包含一个或多个语码。巴特将这些语码总共归纳为五种，即意素语码、文化语码、象征语码、阐释语码和选择行为语码（或者称之为情节语码），并且逐词、逐句或逐段来阐释这些语码在文本中各自的功能。

那什么是语码？语码不同于语义，所谓语码可以看成对语义的诱导和归类，詹明信认为，罗兰·巴特的"语码"是从信息理论中借用来的术语，即我们可理解为一种语码基本对应某一种信息的类型，如文化语码"有点像格言式的智慧或对普遍的行为、事件和生活常识的仓房，当需要某个具体细节的时候，它就会被说出来"。而意素语码（人的语码）则指向人物的性格特征。

罗兰·巴特的意思是，文学文本之所以能产生意义，不是因为读者通过文本读到了现实生活，而是文本中的那些语码作用于我们的理解习惯，使读者以为自己把握了现实生活。由此，詹明信解释道，现实主义的叙述并非是话语天生具有的结构，而是某种视觉上的幻象，是由某些作为"符号"在起作用的细节产生出来的所谓真实效果。联想到现代小说，詹明信认为："现代文学对情节的抛弃被更好地理解为对旧的叙述组成结构的抛弃。"

其实这种语码划分方式既能解析《萨拉辛》，也能解析其他小说，或者其他非虚构作品。詹明信既然称之为"文本的意识形态"，也就意味着这种解析方式不仅可以应用于文学，对文学以外的文本，如历史的、新闻的或社会学的文本均适用，进一步可适用于一切叙事文本。当初，巴特文本概念的提出，就是开放的和不分类的，以区别于封闭的"作品"概念。

问题来了，既然是以语码的方式来解析文本，为何不选择一个开放的现代文本，而选择老巴尔扎克的小说，并且是"鲜为人知"的《萨拉辛》？也许罗兰·巴特想表明，即便是最典型的现实主义文学，也可被解构，还原为一般意义上的文本，而《萨拉辛》的长度又正好适合一个研讨班的学年课程计划。当然《萨拉辛》的故事也比较特殊，这是一个现实主义文学中不怎么现实的故事，是巴黎上流社会的沙龙流传的故事，讲的是雕塑家萨拉辛和歌星赞比内拉的巴黎情爱故事，然而美丽妖娆的赞比内拉竟然是一个被阉割的男歌手，这不仅是一场无结果的恋爱，最终还导致萨拉辛被赞比内拉的保护人所杀害。

用五种语码来解码这样一个故事，而且是故事中套着的故事，是否太简约、太规范化了一些，每个人的解码方式和习惯是否相同？这是大有疑问的。如象征语码，别的读者可能作为文化语码来解读也未可知，意素语码作为象征语码来理解也说得通。再例如篇名《萨拉辛》，作为一个名词，巴特标示为阐释语码和意素语码，而对我来说，则是文化语码，因为在我还不清楚"萨拉辛"到底是人名还是地名，或者是别的名头时，就已经清楚这是罗兰·巴特所分析的巴尔扎克的一篇作品。即在我还未打开《萨拉辛》文本时，已经有了一些文化上的先入之见。因此我怀疑巴特起劲地将小说全文划分成 561 个单位，并与五种语码分别绑定，到底有什么样的效果和意义？这是否就是中国古人所说的胶柱鼓瑟啊？

说起古人，倒是无独有偶，中国古代也有类似五种语码的标示，如章学诚在《文史通义》中提及归有光所讲究的文章义法：

> 归震川氏取《史记》之文，五色标识，以示义法；今之通人，窃笑之，余不能为归氏解也，然为不知法度之人言，未尝不可资其领会。……特不足据为传授之秘尔。据为传授之秘，则是郢人宝燕石矣。

如今恐怕无处寻觅归有光的五色《史记》读本，既然是"传授之秘"，一般不为外人道。不过我们倒是可以揣测，作为文章秘授之义法，他老人家一定是为了启迪后辈小子向司马迁学习，不惜气力掰碎了《史记》：怎样写人，如何状物，何处转圜，适时评述等，一字一句地分解了来研习。

归有光为明代文章大家，开一代风气。今天许多学子知道他是唐宋派的领军人物，或者也读过他清新而典雅的《项脊轩志》，却未必清楚其风靡一时的影响力，同时代人有说"贾董再世"的，也有比之韩愈、欧阳修的。不过尽管名气如此之大，后人对归有光的这种死抠《史记》的心法秘授，还是有嗤之以鼻者，这就是"今之通人，窃笑之"的缘由，倒是章学诚认为，若为不知文章法度的初学者考虑，不失为一种路径。

章学诚以归有光为例是想说明写文章是有法度的，"时文当知法度，古文亦当知有法度，时文法度显而易言，古文法度隐而难喻，能熟于古文，当自得之。执古文而示人以法度，则文章变化，非一成之文所能限也"。这里，时文应该是指科举应试之文，即八股文一类。对于怎样写时文，当时举子们是研究得透透的，只不过章学诚认为，真正明白文章千古之理的，是不会为某些规矩所限制的。而归有光就是明白古文"隐而难喻"之理的人。顺便说一下，归有光和章学诚在科举上都很不顺，有"惺惺惜惺惺，好汉惜好汉"的意思在。

同样是五种标记，归有光与罗兰·巴特的五种语码不同，如果说后者是从信息传递的角度，从文本意义的产生和构成方面出发来设定语码的，那么前者是从写作学和修辞学意义上来解析文本的。出发点不同，目标也不同。倘若将文学文本当成音乐文本来看待，归有光的五种标色是手把手告诉人们怎样创作一部悦耳的乐曲，而巴特则是告诉人们如何来解析乐曲。因此，巴特自认为五种语码相当于五个不同的声部，这些声部，即"经验现实的声部（选择行为语码），人的声部（意素语码），知识的声部（文化语码），真理的声部（阐释语码），象征的声部（象征语码）"，共同组合成一个立体的空间。当然语码可以增加，正如声部可以更加多样。不过，对巴特而言，用这五种语码，就能基本解析巴尔扎克的《萨拉辛》。

两位大师的解析力均不凡，不管是站在技法和修辞学立场还是语码阐释学立场，文本对于他们来说都是马赛克，可以拆解，可以转换，可以重新拼贴。按古人关于文章义法的理解，文本应该是一个有深度、有核心的有机统一体。但是在归有光的笔下是可以拆解的，也许归有光不是死抠文本，而是过于前卫，才会有"今之通人，窃笑之"的情形。

当然，前文说归有光的五色标识是写作学和修辞学，只是一种揣测，即便是修辞学的，其实也一定是阐释学的，因为学习《史记》的写作方法和对《史记》意义的理解是分不开的，或者说首先要理解《史记》，才谈得上怎样学习《史记》的写作手法。

这里不是想说中国古人有多前卫，只是想说前卫和保守均是在一定的语境下可以转换的，例如，就马赛克文本而言，有宋一代的集句诗最为典型。所谓集句诗，就是从前人的诗篇中选取不同的诗句，并将它们重新组合在一起，另成一诗。集句诗作为诗歌，在文学上是没有什么地位的，可以看成一种游戏文字，或者就是卖弄学问。但是它的出现，把文本的有机性粉碎了，每一句在上下文中才有意义的诗句，可以独立出来，和另一些独立的诗句搭配，组成新的诗歌，依旧可浑然天成。

自然，好的集句诗应该能做到融会贯通，天衣无缝，如出一体。如王安石是集句诗高手，此处暂选其四句的集句短诗：

《送张明甫》
觥船一棹百分空，（杜牧）十五年前此会同。（晏殊）
南去北来人自老，（杜牧）桃花依旧笑春风。（崔护）
《赠张轩民赞善》
潮打空城寂寞回，（刘禹锡）百年多病独登台。（杜甫）
谁人得似张公子，（杜牧）有底忙时不肯来？（韩愈）

集句诗的产生需要厚实的基础，这就是大量的文本文献，至于这些文本为何人所写，是在怎样的境况下写就，人们能够了解则更好，以便于准确领会；如果不甚了了，也无多大关系，只要文本在，就可拼贴和组装。中国诗歌到唐代有井喷期，所以给宋人的集句诗留下了可资借用的

丰富材料，就上述的两首绝句，唐诗占了其中的八分之七
（当然，绝句的创作本来就是唐人的功劳），越是讲究创作
的规范和符合格律要求的诗句，就越是适合拼贴，至于创
作者的个性在文本中的体现，则十分复杂，取决于多种因
素。所谓"文如其人""诗如其人""风格即人"等是一
种很浪漫的说法。自然，集句诗的出现和宋代诗话几乎同
步，共同构成了中国古代形式主义批评的大氛围。这是经
验的形式主义，而不是思辨的形式主义。

由于中国的文化传统中没有西方的模仿论思潮，古
代文论关注的焦点，较多地落在文与质、言与意之间的关
系处理上，因此，也必然更多地关注文本的形态。就目前
的史料看，中国古代系统地关注文本，可以从挚虞的《文
章流别论》起始，但是到刘勰那里蔚为大观，《文心雕龙》
在文章的分类和功能上梳理清晰、分析细密、说理透辟、
体大思精，这也可算是别一种文本意识形态？

话题还是回到詹明信的"文本意识形态"上，他认
为，传统的维持美学上整体性的文学批评，被文本的语码
（或者符码）化解析所取代，即文本的重心由审美性被信
息性所取代。倘若说文学作品的合法性是建立在审美基础
之上的话，那么文本的合法性是建立在传递一定的信息基
础之上。如此，文本不是围绕着某个先在的核心意义而耸
立，而是在具体的编织过程中形成（文本在语源上就有编
织的意思）。如果说，社会的意识形态是建立在一定的经

济基础和上层建筑之上的，那么文本的意识形态是建立在特定的语码之上的，特定的语码传递特定的信息，所有的文本在信息面前具有某种平等性。至于是虚构的小说还是纪实的叙事，就文本层面而言是难以断然区分的，不管是什么文本，通过语码来传递信息，读者则依从解码习惯来理解文本。

站在詹明信文本意识形态的这一立场来讨论刘勰的《文心雕龙》似乎距离太遥远，然而，一千五百年左右的时间跨度，有时能阻断一切历史音尘，有时则豁然相通。

詹明信探究元批评，刘勰也有自己的元批评，作为一个相对严密的体系，《文心雕龙》的前三篇《原道》《征圣》《宗经》，就是整部著述的元批评，至于三者之间的关系虽然是一层紧扣一层，由天地自然之道，降而为"鉴悬日月，辞富山海"的圣哲之言，再化为"恒久之至道，不刊之鸿教"的经典，但它们却是共同发挥影响力的。

而接下来二十来篇谈及的是各种文体，有研究者统计，刘勰一共提及了五十多种文体，估计将当时的所有规范一些的文体统统囊括其中了。今人将其中的文体分为创作文体和应用文体，如《明诗》《乐府》《诠赋》等篇什和《铭箴》《诔碑》《哀吊》《章表》《奏启》《书记》等有着根本的区别，前者文体是可以进入文学史的，后者的身份比较模糊，是实用价值、文献价值或文学价值混合（据说韩愈写过大量的碑文均不足道，只有《平淮西碑》得到千古称颂，李商隐谓之

"点窜尧典舜典字，涂改清庙生民诗"；苏东坡则誉之"千古残碑人脍炙，不知世有段文昌"）。但是在刘勰面前，上述这些文体的地位是平等的，在概述每一种文体的形态特点和历史渊源之后，刘勰在最后的"赞"中一定将此种文体的作用和教化功能总结一番，以卒章显志。如《明诗》篇的赞曰："民生而志，咏歌所含。兴发皇世，风流二南。神理共契，政序相参。英华弥缛，万代永耽。"再看《铭箴》的赞："铭实器表，箴惟德轨。有佩于言，无鉴于水。秉兹贞厉，敬言乎履。义典则弘，文约为美。"虽然铭和箴与诗赋在文体上大相径庭，功用各异，但是刘勰对此的总体要求类似，用今天的话说，既要内容充实，合乎规范，也讲究文本表达上的完美。而所有的文体和文本，在刘勰那里有一个终极目标，那就是弘道垂文，征圣宗经，进入一个大思想体系之中，这或许可以看成前现代的文本意识形态。因此所谓文本意识形态不一定非要待到晚期资本主义才产生。

人类历史上最古老的意识形态莫过于宗教意识形态，刘勰早年依傍佛门，修订经文，有佛学的深厚底蕴，自然有缜密超人的思辨能力和娴熟的文本编织技巧，加之积学储宝，遍观百家，在构建文本意识形态方面可谓得心应手，其《文心雕龙》完全当得起"深得文理""体大而虑周"的声誉，在中国古代文论中有空前绝后的地位，之后的中国文论走上了形式经验和感悟的道路。

奥尔巴赫与西方叙事传统

奥尔巴赫的《摹仿论》堪称皇皇巨著，尽管该书的副标题是——西方文学中现实的再现，其实作者不只是讨论"现实的再现"，还揭示了西方的叙事传统是如何奠基的，又怎样渐次充实、丰满、兼收并蓄，到20世纪头上，已然成为锦绣灿烂的叙事文学宝库。

萨义德在该书英译本出版50周年的导论（2003）中曾称："这本书的视野和抱负远远大于过去半个世纪以来所有的重要批评著作。"确实，尚未有一部论著能像《摹仿论》这般绚烂而宏阔，几乎检视了西方叙事传统的所有演进路径，而每一条路径，都有其卓越的领衔者：从荷马到但丁，从薄伽丘到拉伯雷，从莎士比亚到塞万提斯，从司汤达、巴尔扎克到福楼拜、左拉，从弗吉尼亚·伍尔夫、普鲁斯特到乔伊斯，等等，历史上重要的作家，似都被奥尔巴赫囊括其中了。

一

解析西方的叙事传统，检讨其内在互相纠结的各种构成要素，这是一个十分庞大、复杂而棘手的任务。由于奥尔巴赫的目标过于宏大，故要面对的问题就特别多：如古典时代文体分用的传统如何被基督教摧毁；古典现实主义中高雅和低俗风格的混用是在什么情形下，由哪些作家达成；在叙事中，人类心智史的进程是怎样被展示的；上千年来基督教对文学再现的影响……当然，所有的一切，以萨义德的话来说，就是要"演示一个粗糙的现实如何进入语言和新的生命的转变过程"。

然而，《摹仿论》的可贵之处不是在理论上搭建出一个严整的、无可挑剔的框架来，将所有经过选择的文本整齐地摆放进去，使其显得严整、贴切而无懈可击，《摹仿论》的丰富性是超越于预设的逻辑前提之上的，也超越于作者自己设定的"现实的再现"的框架，他似乎要把西方叙事传统的最初的确立和其后每一步进展和每一次转折都呈现出来。因此在开局第一章《奥德修斯的伤疤》中，作者就将《奥德赛》中女仆欧律克勒娅给奥德修斯洗脚的那一段详尽的描写，与《旧约》中上帝招呼亚伯拉罕，献出其爱子以撒做燔祭的那段简约的叙事做了比较：认为在前者的叙述中"所有事件都呈现出一种连续不断的、有节奏的动态过程，任何地方都不会留下断简残篇或不明不白的表达方式，任何地方都不会有疏漏和裂缝，不会有可以深究的地方"。而《圣经·旧约》的叙事"只突出对于行为目的有用的现象，其余的一切都模糊不清；唯一强调的是情节的重要高潮，各高潮之间的事件无关紧要；地点和时间都不明确，需要进行解释；内心思想和感情没有表达出来，只能从沉默和断断续续的谈话中加以推想"。

奥尔巴赫的渊博学识使其能从两希文明的源头上娓娓道来，并且还大致揭示了叙事的最初分野：处于前景的感性描写和简要直达的叙事之间的分野。

当然无论是《荷马史诗》的"延缓法"，还是犹太作家"成功地展现互相交织的思想情感和冲突"，无论是呈现在"前景"中的细致入微的描写，还是《圣经》中，"只有在他的行动范围之内必须让人知道的事情才做了交代"的简练叙述，它们共同开辟了西方叙事文学的方向。

说到叙事的分野，不由得让人想到卢卡奇的《叙述与描写》，在这篇"为讨论自然主义和形式主义而作"的论文中，卢卡奇深入探讨了 19 世纪写实主义小说中类似的叙事分野：叙述和描写的分野。文章的开篇就将左拉的《娜娜》和托尔斯泰《安娜·卡列尼娜》中有关赛马的场景做了比较，认为托尔斯泰笔下的赛马是从参与者的角度来叙述的，是"真正的叙事风格"，而左拉笔下的赛马则是从旁观者角度来描写的，属于"绘画风格"。

卢卡奇的倾向是明显的，即他否定左拉式的自然主义的绘画式描写方法，认为这样一来，"艺术表现就堕落为浮世绘"，过分独立化的细节描写由于同人物的命运毫不相干，会"把人降低到死物的水平"。

继而作者将歌德、司汤达、巴尔扎克、托尔斯泰等和福楼拜、左拉这一类作家的叙事风格做了区分：体验性叙述与观察性描写的区分。前者之所以有意义，是由于小说在"参与其中人物的命运"中得到展开，因此作为读者，我们也在"体验这些事件"。而"在福楼拜和左拉的作品中，人物本身只是一些偶然事件的多少有些关系的旁观者，所以，这些偶然事件对于读者就变成一幅图画"，我们作为读者只是在"观察这些图画"。卢卡奇还进一步分析了这种自然主义的绘画式描写产生的原因，认为福楼拜和左拉作为职业作家，是"资本主义分工意义上的作家"，他们只是处于"资本主义社会的批判的观察者"的地位上，而不像歌德、巴尔扎克和托尔斯泰那样，是各种社会生活的参与者。

着眼于文体的丰富性，揭示每一种文体产生的历史背景，奥尔巴赫对左拉等的评价则与卢卡奇不同，他称左拉"是最后一位伟大的法国现实主义作家"（我们不清楚奥尔巴赫是否读过卢卡奇的上文，以奥尔巴赫的学术视野，应该对此有所了解，毕竟《摹仿论》晚于《叙述与描写》十年才发表）。他对左拉的自然主义有极高的评价，他赞赏左拉式描写中"文学绘画"的纯感观效果，原因是"这种文体艺术完全摒弃了传统意义上追求令人愉悦的效果，为展示令人不快、压抑和绝望的真相服务"。

总之，奥尔巴赫是从整个西方叙事传统和进程来看待左拉式描写的历史贡献的。许多读者（包括笔者），会厌倦左拉没完没了的极其铺张的描写，奥尔巴赫则不然，他注重的是左拉等以极严肃的方式将日常生活中可能不为人注意的场景，甚至肮脏污秽的东西写到小说之中，这是此前的创作未曾有过的。如果说卢卡奇看重的是一部小说的叙事结构和整体美学价值的高低，并认为静态的描写会导致虚伪的客观主义的话，奥尔巴赫则是从 2000 多年的西方叙事传统来看待这类自然主义描写的出现及其意义的，他们俩的着眼点和评价逻辑并不相同。

奥尔巴赫对巴尔扎克的称颂也与卢卡奇有差异，认为巴尔扎克对环境的大段描写是那个时代的产物，因此写《法国史》的米什莱和写《人间喜剧》的巴尔扎克都受到"环境历史主义和环境写实主义"潮流的影响。

二

这里，有必要提及《小说的兴起》一书，这也是一部有关现实主义小说发生发展历史的著述。在 1957 年出版的这部著作中，伊恩·瓦特将论述范围缩小到 18 世纪以来的英国叙事文学，即将 novel 和 fiction 区分开来，意思是作为 novel 的小说，要到 18 世纪才出现。瓦特严格地确定规范，只讨论现实主义小说家，而论述对象集中，焦点就落在笛福、理查逊和菲尔丁三位作家的作品上，因此该书以思路绵密、见解独到深邃而享誉学术界。

书中比较主要的一章是《〈鲁滨孙漂流记〉、个人主义和小说》，瓦特的意思很明显，要将英国的现实主义小说与久远的叙事传统区分开来，必须发掘出一个主要特征，这就是"个人主义"或"经济个人主义"。亦即现代意义上的小说的兴起，是与个人主义的崛起、个人价值必须得到社会尊重的思潮紧密关联的。因此，读者能看到笛福的小说中，"个人经验占首要地位"，鲁滨孙是以"普通人的典型"出现在小说中的，即是以"人的真实"来替换"诗的理想"，而不是像他的前辈乔叟、莎士比亚和弥尔顿那样，"习以为常地运用传统的情节"来展开。至于个人主义的形成背景，作者将之归于笛卡尔的哲学思想、清教徒精神、社会的契约、工业革命等，这里就按下不表。

奥尔巴赫因其抱负，就不可能像瓦特那样，首先给所有讨论的作品下一个行之有效的定义。"这个定义既要狭窄得能将先前诸种叙事体文学拒之门外，又要宽泛得适用于通常归入小说范畴的一切文体。"（见《小说的兴起》，第2页）奥尔巴赫是从历史出发，将一切有重大影响的叙事文本都搜罗在一起，在逻辑上就不可能做到周密无隙，自然也容易受到批评，如过分重视罗曼语族而对德语文学或英国现实主义文学有所"忽略"等。

《摹仿论》虽然意在呈现西方叙事的历史轨迹，但是并不严格地从某种原则出发，如像伊恩·瓦特那样，将现实主义小说设定为18世纪的文学产物，或者像卢卡奇那般，将叙述和描写的运用作为传统意义上完整的人和资本主义分工意义上的职业作家的分水岭。但是，奥尔巴赫并非没有强烈的主旨，他的意图贯穿于全书的许多章节中，即认为"现实的再现"，或者说社会现实之所以能一步一步进入文学，正是各个时代的作家冲破古典时代的文体分用原则的缘故。当然，早期的《荷马史诗》还谈不上文体分用，而希伯来文明及基督教文学则有时会以严肃的、崇高的文体来描述下等人的行状。这样，在西方文明的源头上，文体就没有那么严格的区分，因此文体分用是某种规范的产物，这种规范是用来表达某些既定的情节和观念的。

作为出色的语文学家，奥尔巴赫通晓希腊语、拉丁语、德语、法语、西班牙语、希伯来语等多种语言，因此他能敏锐地感受到作家细微的文体变化，如各种修辞手段和表述方式的穿插、俗语的运用、社会场景的表现等。他评价但丁为"千古第一人"，就是因为但丁首先以俗语而不是通行的拉丁文来写作，以达成古典主义的崇高：但丁"毫无限制地详尽直接摹仿日常生活、无聊琐事和令人生厌的事；这些根本不能入古典崇高之列的东西只是通过其排列和表述方式才成了崇高"。

当然，作为读者会很遗憾，因为在《摹仿论》所引用的诸多文本中，我们见不到纯正的高雅文体，或严格按照文体分用原则写就的作品。另外，经多种语言转译，很难感受到不同文体之间那些微妙的区分。我们只知道在古希腊罗马，高雅的文体是用来讲述神和英雄的故事，而低级的文体是用来讲下层社会的日常生活的，悲剧和喜剧分别是两种文体的代表。对了解古代文学的读者来说，文体分用是不言而喻的，何况法国17世纪以来的古典主义，就是强调文体分用的。其实作为中国读者，只要熟习《诗经》，只要能感受到风和雅、颂的文体区分，就可以大致领会什么是西方叙事中的文体分用。

奥尔巴赫着眼于高雅文体与低俗文体混用和文体界限逐渐瓦解的过程。将古典时期到中世纪前后那段少有人道及的叙事史清晰地呈现出来，使读者多少领略了佩特罗尼乌斯、塔西佗、马尔采里乌斯、格列高利等一干作家、历史学家的风采。而在奥尔巴赫看来，历史叙事和文学叙事是处于同一个叙事传统之中的，共同服务于"现实的再现"。并且他还得出结论："对于古典写实文学来说，社会不是作为历史问题而存在，它顶多是作为道德问题而存在，另外道德更多的是针对个人，而不是针对社会而言。"这大概就是古典写实作品和18世纪以后的现实主义的最大区别。

三

奥尔巴赫有一种架空的本领，即读古典的或以往各个时代的文本时，能够不把后面的文本阅读经验和前面的相混，就像高明的美食家，尝遍天下佳肴美味，仍能保持纯正的味觉，能品味出其中食材细微的替换或调料的变化，还能觉出火候是否适宜。

例如在解读但丁的《神曲》时，奥尔巴赫居然能抓住诗句中"于是"这个连词，揭示其语用的变换："用一

个‘于是’如此充满戏剧性地突然打断一个正在进行的情
节，在但丁之前的中世纪俗语中，我们在什么地方能见到
此种语言现象？恐怕得找上很久。我不知道曾有过这样的
例子。在但丁之前的意大利语中，‘于是’置于句首虽然
相当常见，比如在《百篇短篇小说集》的短篇里，但意义
却弱得多。如此突兀的插入并不多见，也不见于但丁以前
的叙事时间意识里，即使在法国史诗的叙事时间意识中也
没有……"

　　也正是这种架空的本领，使他在《摹仿论》中给予
了蒙田极高的评价，几乎与但丁相匹。奥尔巴赫认为，
蒙田的随笔不仅如作者自己所说，只"描述我自己"，更
是真实地描述了"人类的状况"。其实，以今天的眼光来
看，蒙田随笔类似当下司空见惯的许多哲理美文，有些
篇章还貌似今天的心灵鸡汤。然而不要忘了，即便是心
灵鸡汤，也可能是世上最早的。在蒙田的时代，他是孤
独的。那些欧洲文艺复兴以来的大思想家，第一流的作
家和文化人，如塞万提斯、莎士比亚、笛卡尔等都晚于
他降生，即便马丁·路德的宗教改革也才刚刚拉开序幕。
因此，这种摆脱各种束缚、充满人文情怀的写作，真实
的、"源自自己的经验"的全方位表达，不能不说是开创
性的，因为"连随笔这种特殊的形式也属于蒙田的方法。
它们既不是自传，也不是日记。它们没有一个充满艺术
性的规划作为基础，它们也未依照某种编年顺序排列。
它们所依据的是偶然……"当然，除了随笔这种非虚构

的、随意的、未经精心组织的文体，奥尔巴赫称颂蒙田还有更重要的理由，就是在蒙田那里，人类的完整生活还没有被专业化、职业化的领域所分割，蒙田关注的是作为整体的、普通的日常生活。因此，"在所有同时代人当中，他把人的自我定位的问题，看得最为纯洁……在他那里，人的生活，作为整体的、随意的、自己的生活第一次成了现代意义上的问题"。

前文提及，奥尔巴赫并不严格按照定义来讨论现实主义文学，所谓"现实的再现"，只是《摹仿论》所围绕的宽泛主题。因此作者不可能无视20世纪上半叶的那些伟大的作家，如弗吉尼亚·伍尔夫、普鲁斯特、詹姆斯·乔伊斯、托马斯·曼等，奥尔巴赫认为他们也是现实主义作家（当然，我们可以称之为意识或心理现实主义）。

通过解读《到灯塔去》，奥尔巴赫昭示了伍尔夫小说是怎样"描写不断变化的多个人的意识"的；他评价普鲁斯特的《追忆似水年华》是"自始至终运用意识镜像及时间的多层次表述"；至于詹姆斯·乔伊斯的《尤利西斯》，他认为"可能是多重意识印象以及各种时间层次的手法运用得更彻底的一部作品"。由此，奥尔巴赫总结道："两次世界大战期间的现实主义小说的特点——多个人物的意识描述，时间层次，外部事件之间的松散联系，叙述地点的变换等——都互为联系，很难把它们单独分开。在我们看来，这些特点表明了作家，同时表明了读者的某种努力、倾向和需求。"

　　行文至此，我想到了给本文起"奥尔巴赫与西方叙事传统"这样一个题目，显然这是奥尔巴赫眼中的西方叙事传统，理论上还可以有别人的眼光和逻辑中的叙事传统，但是像《摹仿论》这般内容厚实宏富，既学理严谨又充满感受性的著述，还会有吗？

（原载《读书》2016 年第 8 期）

"隔"与"不隔"

　　出于个性，或许也出于早年的阅读背景，我喜欢苏、辛之词，不太能接受周邦彦、姜夔的作品，前者如长江大河，一泻千里，十分爽朗，后者给人感觉，妙则妙矣，但是用东北话说，有点磨磨叽叽，每一个犄角旮旯都藏着东西，要花时间慢慢地琢磨，颇觉厌烦。当然也自知是修养不到的缘故。

　　不过，事情有例外。

　　2013年在开封，看《东京梦华》大型景观演出，编导们为了重现1000年前汴梁的繁华景象，在清明上河园内好一番调度，亭台楼阁水榭回廊画栋楼船，外加现代科技的声光化电，一应俱全。然而，除了制造光怪陆离的虚幻感，很难让人重返千年之前光景。我清楚，身坐这21世纪才落成的园子，所有眼见的一切都是"假景"，本来嘛，一切都是表演，是现代科技在展示其偷天换日的乱真本领。但是，慢着，在这现代大型商业表演中有一样倒是真的，肯定是千年以前的"老古董"，即演出中吟诵的那些诗词。那些流传下来的诗句确是当年的词人骚客所为。编导将李煜、苏轼、柳永、周邦彦、辛弃疾的词作，贯穿在演出之中，既交代了历史背景，又加重了文化气氛。

坐在人头攒动的看台上，听曼妙的音乐声中，滑过李煜的《虞美人》、辛弃疾的《青玉案》、柳永的《雨霖铃》，都没有引起我特别的感受，待到空中传来"并刀如水，吴盐胜雪，纤手破新橙……"突然周围闹哄哄的声音退去，夜色寂静之中，清亮的溪流淌过心头，是周美成的《少年游》，从来没有感觉到他的词如此令人心动，此情此景，又是在开封古城，也许他老人家显灵了？我思忖怎么此前从未正眼看过他的作品？《中国文学史》中多有提及，基本是一页翻过，读叶嘉莹的，讲到《清真词》的就略过，看俞平伯的书，到此也是跳过。

回到家，从书架上恭敬请下俞平伯的《中国古诗词精讲》，我知道俞老先生最喜欢《清真词》，果然在全书共十七讲中，《清真词》就占了三讲，可见分量之重。

对《少年游》，俞老的解说透辟，说"此词醒快"，又说"通观全章，其上写景，其下记言，极呆板而令人不觉者，盖言中有景，景中有情也"。让我想不到的是"吴盐"二字竟还有典故，出自李白的"吴盐如花皎如雪"，惭愧啊，吃吴盐长大的我。

然而，时过境迁，在北京闹市的斗室中，读周美成的词作若干，竟又没了意趣，回复到我此前的感觉，有点磨叽，即便有俞老耐心细致的解说，也没有带来在清明上河园中那"惊鸿一瞥"的感受，甚是教人诧异。

蓦然间想起了"隔与不隔"的话题。

这是王国维的说法，早年读《人间词话》，每到此处，有醍醐灌顶之警醒，原话是："白石写景之作，如'二十四桥仍在，波心荡，冷月无声'，'数峰清苦，商略黄昏雨'，'高树晚蝉，说西风消息'，虽格韵高绝，然如雾里看花，终隔一层。梅溪、梦窗诸家写景之病，皆在一隔字。北宋风流，渡江遂绝，抑真有运会存乎其间耶？"真是大师妙语，一下子就将诗词创作的真谛点了出来，作品好不好，境界高不高，就在于"隔"与"不隔"。并且将时代的因素也考虑进去，北宋国运昌盛，则文运昌盛。文运昌盛，则歌诗的气象就博大。

后来——什么事情都有后来，理解上有点含糊了，虽然仍然感到心领神会，但是不知道如何来说服自己。雾里看花，隔则隔也，不也是别有一番风味吗？

关于"隔"与"不隔"，过去有过许多争论，叶嘉莹曾有过概括，认为朱光潜等从"隐与显"的方面，饶宗颐从"意内言外"的角度，来理解王国维的"隔"与"不隔"，均有所偏颇；她认为静安先生所提出的"隔与不隔"，是以"境界说"为基准来欣赏衡量作品时所得的印象和结论。自然，她也认可这样一种说法，即"王氏所谓隔是指以艰深文其浅陋的作品而言"。叶嘉莹自己的理解是，如果在一篇作品中，作者果然有真切之感受，且能做真切之表达，使读者亦可获致同样真切之感受，如此便是"不隔"；反之，如果作者根本没有真切之感受，或者虽有真切之感受但不能予以真切之表达，而只是因袭陈言或雕饰造作，使读者不能获致真切之感受，如此便是"隔"（参见叶嘉莹《王国维及其文学批评》）。

以上，叶嘉莹话说得全面又缜密，作者、作品、读者三者都顾及到了，而且读者的地位分外重要，因为最终要以读者能感受到为要务。不过，她漏了讨论这样一种情形，即对同一首诗作，如果一部分读者有真切之感受，另一部分读者没有同样的感受，如何来判定其"隔"与"不隔"呢？

王国维在提出"隔与不隔"时，尚无新批评的或接受美学理论问世，在他那里，作者、文本和读者没有分野，"隔"与"不隔"似可以涵盖整个创作行为。"隔"，说得更具体一些，就是在诗人写景上，用典不能太过，写情上不能太抽象空洞。用王国维自己的话说："问隔与不隔之别，曰：陶、谢之诗不隔，延年则稍隔矣；东坡之诗不隔，山谷则稍隔矣。'池塘生春草''空梁落燕泥'等二句，妙处唯在不隔。词亦如是。即以一人一词论，如欧阳公《少年游·咏春草》，上半阕云：'阑干十二独凭春，晴碧远连云，千里万里，二月三月，行色苦愁人。'语语都在目前，便是不隔。至云'谢家池上，江淹浦畔'，则隔矣。"王国维的意思，写春草不见春草，只说"谢家池上""江淹浦畔"，如此用典，实在算不得高明。接下来他又说："白石《翠楼吟》：'此地，宜有词仙，拥素云黄鹤，与君游戏。玉梯凝望久，叹芳草萋萋千里。'便是不隔。至'酒祓清愁，花消英气'，则隔矣。然南宋词虽不隔处，比之前人，自有浅深厚薄之别。"

白石的"酒祓清愁，花消英气"为何就"隔"，是否如叶嘉莹所认为太过造作修饰？可另说。这里最后一句，让人困惑，那意思是南宋词人即便做到了"不隔"的地步，也不如前人，这样看来，"隔"与"不隔"，又不是那么重要。显然，在王国维那里，南宋词的境界整体上比北宋要低那么一等。

周美成可是北宋词人呀！

若果在以前，我会琢磨，以一人一词论，周美成的词到底是可以归在"隔"的一面，还是"不隔"的一面（显然在王国维那里，已经是归在"隔"的一面了）？有了这番体验，应该换一种角度，我和周词之间，怎么就一会儿"隔"，一会儿"不隔"？看来"隔"与"不隔"，不是那么简单，确定不疑的事情。

说到底，"隔与不隔"或许就是一个极其个人化的话题，是具体的作品与读者个体在某一个特定时刻相遇时的情形，推演开来，包含着多种情形，实在是一言难尽。

读《世说新语》，有谢安与小辈论诗，"谢公因子弟集聚，问《毛诗》何句最佳？遏（谢玄）称曰：'昔我往矣，杨柳依依；今我来思，雨雪霏霏。'公曰：'谟定命，

200

远猷辰告。'谓此句偏有雅人深致""谟定命，远猷辰告"来自《诗经·大雅·抑》，高亨在《诗经今注》有注释，"谟"和"远猷"都是指远大的计谋。因此，前一句诗的大意是"用大的谋划来确定政令"，后一句的意思是"以远大计谋来确定诏诰"。也有的人认为"辰告"就是及时告知，后一句应该解释为，有长远的打算要及时告诉民众。

也就是谢安，换了别人，可能会被怀疑脑袋是在哪里被夹过。这两句诗读着就那么佶屈聱牙，若没有注解，尽管是"雅人深致"，也殊难解会，套用今天的网络用语，最多是"不明觉厉"罢了！何如"昔我往矣，杨柳依依；今我来思，雨雪霏霏"来得明丽动人、意蕴绵绵？远行也好，归来也罢，老友相逢，后海品茶，赏知春亭柳，观西山晴雪，无不能与此关联。且古往今来的《诗经》选本多多，每每有《小雅·采薇》，好像难觅《大雅·抑》。

我的疑惑也表明自己与谢安，与《大雅·抑》有隔。谢安自有谢安的道理，《斋诗话》认为包括"谟定命，远猷辰告"在内的这前前后后八句诗，是"将大臣经营国事之心曲，写出次第"。

谢玄则更有谢玄的道理，就情景交融而言，"昔我往矣"四句，可谓千古名句。我相信谢玄的感受能与更多的读者相通。因为若要与谢安相通，那应该具备怎样的地位、才智和过硬的心理素质啊？连前方淝水之战，捷报传来，还照样下他的围棋，"意色举止，不异于常"。

多少年以后，王夫子出来打这个圆场，认为"谟定命，远猷辰告"与"昔我往矣，杨柳依依；今我来思，雨雪霏霏"有"同一达情之妙"。真有"同一"达情之妙吗？问题是当初谢安并不这样认为，据说，在侄女谢道韫的推荐下，他算是认可了"吉甫作颂，穆如清风，仲山甫永怀，以慰其心"（《大雅·烝民》），也可算作"雅人深致"之佳句，就是没见他认同《小雅·采薇》。当然，谢玄也没有因为老爷子发话而倒戈，如果搞民意调查，谢玄是有这个自信的，赞同他的人一定比赞同谢安的要多。

不过问题就在这里，以雅俗而论，"雅"永远是站在少数人这边的。赞同谢玄的人越多，则表明谢安的判断越有道理。既然是"雅人深致"，一般人哪能三下五除二就领会了？

其实"隔与不隔"作为个人的感受而言，有时与趣味之雅俗相关，有时又与此无关，想想谢玄，能打仗，会诗文，喜垂钓，既是国之干城，又是极有品位之人，连带府上的"谢家池""堂前燕"也多有风雅，可以穿越到唐人诗宋人词中，他本人想不风雅都不行。但是在品评佳句上，他和谢安侄叔两人就是各有所好。

这么说，似乎要回到"趣味无争辩"的老话题上。其实不然，"隔与不隔"不仅取决于个人的品位、修养，还要视读者与作品相遇时刻具体的情景、心境所定。个人的品位和修养还好说，这是一个逐渐积累的过程，所谓山有多高，水有多高，有轨迹可觅。至于情景和心境，殊难把握，这是一个永远开放的说不尽的话题。

其实一部文学作品的爆红，经常是特定的情景和社会心理在起作用，这是各种因素的合力，不是作品单独所具有的特质导致。20世纪以来，由形式主义批评而发展起来的语言本质主义，关注文本本身，倾向于发掘语言的独立品格。依语言本质主义者的思路，作品语言的张力、穿透力或某些迷人的魅力是独立永存的、自足的，无须依傍。而中国古代批评家虽然没有形式主义和新批评的理论，却有丰富的文本细读的实践（有偌多的诗话、词话可以证明），这一实践也往往引导他们由文本而推及诗人，因为在他们看来，"隔与不隔"是由诗人创作和其作品所规定，放大一些，是诗人的修养、性情及身处的传统和环境所决定。在他们那里，语言传播过程只是一个单向的施受关系，还不是一个各方分享的过程。作品只是诗人的自然延伸，就连"文本"这样一个相对独立的概念其时还未从作品中分离出来，故所有的批评均是针对作者和作品的。

当然，话又要说回来，王国维其时并无接受美学视野，既然是从创作角度谈"隔与不隔"，自然无关复杂的接受情景。老友春青兄，深谙古文论，认为："隔与不隔"，其积极意义在于强调写诗要有真切之感受，真实之情感，才能引起心灵的震颤和共鸣，没有这些，故作高深，为文造情，读者再怎么有情趣、有心境，积极配合，与其分享，也是白搭。所言极是矣。

（原载《读书》2014 年第 4 期）

僻字的文化意义

想到这个题目的缘由是"汉字听写大会"的电视竞技节目，短短一年间，类似的节目就有了"汉字英雄""成语大会"等，成为小时尚。

该类电视节目的看点就落在那些生僻的字和词语上，中学生们写出如此艰深、笔画繁复的汉字和冷僻的词语，让人惊羡，同时也自愧弗如。想到自己初中的读书生活，花在书本上的时间不多。不过，即使没有"文化大革命"之前"学好数理化，走遍天下都不怕"的氛围，也会让语文和外语都不在幼稚的学子们的视野内。"文革"后出国渐热，学外语又成为主流。母语虽然重要，只是它像水和空气，充盈在我们周围，不到匮乏时，不会感觉它的存在。如今"汉字听写"这类竞技节目，似乎让人们重新感觉到了汉字的存在，特别是那些容易犯错的字在提醒着我们的疏忽和无知，正所谓"活到老，学到老"。

当然，就汉语言文字而言，古代汉语和现代汉语的地位也是不同的，自己年轻时的错觉，以为现代汉语的功能只是为了帮助我们准确地划分句子成分而已，一点也不实用。语感好，会写文章，会表达即可，何必要知道什么主谓宾补定状？相比之下，古代汉语的老师更让学子敬佩一些，因为觉得他们有学问，那些难理解的古文，一经老师的指点，便豁然贯通，打开了一扇通往神秘幽远的历史的大门。

在"汉字听写"比赛中，情形也如此，那些日常生活中最常用的字和词，并不受青睐，因为它们太普通了，似乎人人都会，比赛的意义就是看那些学生能不能够写出前人曾经使用过的、高难度的字和词。所谓高难度，就是在现代汉语中不常见，或者难得一见的字和词：比如"捍蔽""溪刻"，还有"唛喋""觳觫"等。这些远离我们、脱离日常生活的词，现在露出了芳容，它们躺在某些古代的典籍和文献中，或者在文学作品的某个不起眼的角落，如果没有这类竞技节目，我们可能一辈子不会光顾，它们也没机会光临。

人们有理由质疑出题人的意图，那些古怪冷僻的字词除了难倒学生，在最后关头起到淘汰一部分比赛者的作用，还有什么其他意义吗？即除了比赛上的意义，还有深刻一点的文化意义吗？

所谓冷僻的字和词，是由于在日常生活的交流中不常用而逐渐退出人们视野的，有点自然淘汰的意味。当然，说淘汰是相对的，因为说不定什么时候它们还会回到我们的语言生活中，就比如"囧"（jiǒng）字，"槑"（méi）

字，还有"烎"（yín）字，等等，而今又回来了，成为网络热词。

　　经济学中有所谓长尾理论，认为只要存储和流通渠道足够大，那些需求不旺或销量不佳的产品共同占据市场的份额可以和那些一时热销的产品所占据的市场相等，或甚至更大。其实文字学中也有长尾。专家们制定的《汉字应用水平测试字表》是5500个字，里面根据难度，还分成甲、乙、丙三个字表。其实，我们的常用汉字不过三四千个。与常用汉字相比，《康熙字典》中收的47000多字，就是很长很长的长尾。据说《鲁迅全集》总共用到的汉字是七千七百来个，这是20世纪作家中最有学问、用汉字最多的文学巨匠，即便这样，《康熙字典》中还剩那四万来个字没有动用。但就是那没有动用的四万来字，保证着那几千常用字的意义。海明威喜欢用冰山理论来形容文学创作，露出水面的1/8和水下的7/8构成厚积薄发的态势；也有人喜欢用冰山理论来形容意识和无意识，意识的部分远小于无意识，并被无意识所包围。其实，用冰山理论来说明常用字和生僻字的关系也很贴切，常用字必须浸泡在十倍于它的庞大字库中，才能时时焕发出其活力。

　　我以为能挥洒自如运用三四千常用字的写作者，基本了解和掌握的汉字应该在五六千字以上，不过，自从赵元任等在汉语中引进语言学概念的"词"以来（在《马氏文通》中，还是以名字、代字、动字、状字来表述的），我们似乎应该强调掌握一门语言的熟练程度是和词汇的拥有量相关的。虽然很难说一个掌握几千汉字的人究竟拥有多少词汇量，但是汉语的词汇掌握和汉字的熟习是分不开的，在汉语书写中，由于汉字意义的相对稳定，组合起来容易衍生出许多新词。例如被称为"文起八代之衰"的韩愈，是"横空盘硬语"的文章大家，在一篇文章中就可创造出许多新词，如"爬罗剔抉""刮垢磨光""贪多务得""细大不捐""补苴罅漏""张皇幽眇""含英咀华""佶屈聱牙""同工异曲""动辄得咎"等，这些书面语词，阅读起来过瘾，只是不太容易进入口语。但这些不易成为口语和流行语的"文言"，虽然应用的机会不多，有时反倒有长久的生命力。

观看"汉字听写大会"之类的电视节目，人们惊奇的是这些青涩的学子，怎么会记得那么多佶屈聱牙的字和词。答案似很简单：潜心钻研，反复记诵默写。问题是为何肯花工夫在这上面，有这个必要吗？在回答有无必要之前，或许应该先问问他们有无兴趣，问题自然在于兴趣。年轻学子求知若渴，特别是对那些有难度和深度的对象，怀有一种好奇，怀有一种朦胧的敬意。其实许多书本知识在日后的人生旅程中可能是无用的，因为不能直接派上用处，但是它们在激活个体精神方面不可小觑。曾经看过一部美国电影《阿基拉和拼字比赛》，阿基拉是黑人子弟，参加英语拼写比赛，从学区一路比拼，杀到华盛顿。最后名列前茅的竟然是她和一名亚裔学生，缘由也正在于此。他们的精神力量由此被激发，他们的才智得到认可，尊严得到维护。

我们这些节目在多大程度受到英语拼写比赛的启发，笔者没有做过比较，但是以竞技的方式来提高人们的学习认知兴趣或观看兴趣，是其背后共同的法则。当然支撑兴趣的，还在于其丰富的内涵和营造的特定情景。这些生僻的文字，各自联系着独特的意义和被人遗忘的蕴含，翻检这些字，似找回了或者说开辟出新的意义空间，某种意义上也能理解为传统文化在当代的重新激活。

单个地说，哪些僻字对今人有意义，或者说"汉字听写大会"所光顾的那些生僻字对现代汉语的发展有什么特别的功用，那是无稽之谈。因为脱离了日常生活语境，脱离了特定的语境和语用，文字没有固定不变的意义，也难说今后会派上什么用场，但是所有的文字都记载了先人的生活历程和开拓精神，反映了我们祖先的创造能力。那些得以留存的生僻字词，记录了我们古人的各种探索和尝试，也表明人类文化演进的复杂性和不可通约性。文化的发展是创造和淘汰并行的，淘汰的旧文化有时在某些境遇中，又重新露头，成为文化焕发活力的新因素，文化神秘的伟力有时就缘于偶然性和突变性之中。

这一点从对汉赋的评价的转变上也能说明一些问题。

当年的文学史课，从阶级论或民粹论立场出发，说到汉大赋，基本上是略过，或批判其辞藻繁缛堆砌、过分铺张扬厉而又内容空洞，或批判其讽一劝百，宣扬了封建统治阶级的奢靡生活，等等。后来的研究者，重新肯定了其开拓性和创造价值，以及在修辞和文学表现力方面的努力。汉赋的铺张自有汉赋的道理，一位台湾作家说得好，正如"《百年孤独》开头写，那个时候世界太新，一切还没有名字，必须用手去指。汉赋便是兴高采烈地指述新物新事，不厌其烦地详绘凡百细节，成段成篇列举出声、色、犬、马，不为什么，只因为喜欢"。

我想，随着汉字听写比赛的深入，汉赋中古奥冷僻的词语或许也会不甘寂寞，纷纷登场？当然很难说这么做，一定是好或者不好，因为许多现象不必轻易做价值判断。作为一档竞技节目，我认可这样的说法，即听写那些相对常用的而又容易读写错误或互相混淆的词语，对于规范我们的语言更有帮助。毕竟僻字不是为了竞技节目而存在。"汉字听写"比赛只会时兴一阵，而僻字作为人类文化的化石，会长久流传下去。

没有进入日常生活用语的僻字，像是古董，古董除了年代久远，也有奢侈的意味。古董的价值是不确定的，不过对于收藏者来说，还有那么一段情怀。古董除了供摆设、观赏，大多数时候是压在库房，僻字的情形也相似，压在古文献和辞书中，难见天日。不过有些也许还能重新融入我们的语言交流系统之中，就因为它们是抽象的符号系统，在语用过程中会产生奇妙的变化。

若干年前，笔者拜读丘成桐的一篇演讲，丘先生幼受庭训，谈起中国古典文学如数家珍，他用古典诗词来描述数学的意义、数学的文采、数学的意境与情感，竟是那样贴切入微，一点也没有突兀冷僻之感。他说："我研究这种几何结构垂三十年，时而迷惘，时而兴奋，自觉同《诗经》《楚辞》的作者，或晋朝的陶渊明一样，与大自然浑为一体，自得其趣。"虽然这位数学大师申明，这只"关乎个人的感受和爱好"，但是他令人信服地展示了语言领域和数学领域之间奇妙的关联，对于我们理解数学中低维空间和高维空间之间的关系有深刻启示，同时也表明，地域化的文字语言和国际化的数学语言虽不能互相取代，却能互相辉映。

在当今西方的媒介理论中，有所谓热媒介和冷媒介的说法，据说前者如拼音文字清晰度高，后者如象形、会意文字清晰度低。这种武断的划分方式，真是令人吃惊。其实在某种意义上，世界历史的丰富性包含在语言的丰富性之中，当然也包含在那些僻字之中，僻字的产生和弃用，显示了文化演进的某种轨迹。从当下效用的角度讲，我们倡导语言文字的简便实用，但是不必为了简便实用而否决博大精深的古代文化。

论到中国古代文化的博大精深，或许要被人嘲笑，如鲁迅先生所比喻，一个穷人往往自炫，说自己祖上曾经阔过。不过，祖上也确实阔过。只是最近几百年来的破落，使得志士仁人在自省的过程中，进行了由器物到制度、再到文化的自我批判的三个阶段。这三步中，前两步是面对当时具体的情景，批判容易击中时弊。到了文化批判这一步，就应该谨慎和具体分析，社会的演进是多种因素互动的结果，不能归于单一因子（由于文化概念的误导，人们会将"文化"作为单一因子看），即不能将今天的社会积弊归于两千年前的孔子或儒家文化，更不能检讨文化的得失，而自惭形秽到了要摒弃汉语言和文字这一步。比如 20 世纪有汉字拼音化的讨论。如果我们把古希腊语和拉丁语看成人类早期灿烂文化的一部分，有什么理由不把中国古代语言看成人类灿烂文化的组成部分？禁锢我们国人思维的不是中国古代文化或文字，而是只认某种文化为唯一正确者而屏蔽其他文化，不能吸收人类的整体文明成果。

像"汉字听写"这类节目反映出的汉字文化，其生命力不取决于外在的所谓客观规律，而是取决于我们的使用者！取决于使用者的生命力和活力。

（原载《读书》2014 年第 11 期）

后　记

这本集子收录的是我 2008 年之后写的一些文章，其中有不少篇发表在《读书》杂志上。现在重读，感觉与之前的著述相比，不仅文风有明显的变化，还能隐约感觉到自己在写作过程中的愉悦和快慰，这种情形，只有在 80 年代初写小说时体会过，后来严肃认真地写批评文章时，好心情就再也无处寻觅。当年阅读罗兰·巴特的《文本的快乐》，不太明白其中的含义，只试图从概念和理论上锚定它们，什么"断裂"啦，什么"欲望"啦，等等，居然在著作中还专门写了"巴特的文体"的章节，真是南辕北辙呀，现在想想都汗颜。文本的快乐虽然是在创造性解读中获得，但是若无快乐写作的经历，是难以有深切体会的。只有在自由和舒展的表述过程中，而不是胶柱鼓瑟，说明一两个概念，或构筑自洽的体系时才能有所领悟。写作文风的转变虽然与作者个人的性情、学养、知识背景等相关，但是也有人将它和"经国之大业"联系起来。不仅曹丕有如此说法，两千年后的诗人庞德也这么认为，他称在两次世界大战中，德国之所以穷兵黩武，就是因为"缺乏出色的德语作品"的缘故，我以为这位诗人是在批评德国思想界那种晦涩、坚硬、厚重的文风。虽然道理上未必说得通，但是我想在这么说时，诗人心情肯定是愉悦的，或许他找到了借题发挥的凭据。

当然，在这里特别应该感谢《读书》，感谢杂志的历任编辑和主编，只有在给《读书》写文章时，文体才可以如此自由、任性、散漫和舒展。这些文章不是为学术考核而作，也没有一定要围绕某一个高大上的主题编织故事，称之为随笔最贴切，随笔就是笔触所到，心情所致。

也可以说这些文章是自己读书习惯改变的产物。这些年上图书馆，不是先抱有一个念头，借预想好的某类书籍，或者是友人或媒体上推荐的书，而是凭直觉，挑选一些觉得肯定会有趣的，有内容的书看，再或者进入以前不甚了解，现在想"觊觎"的领域。在密密麻麻的书架前，找书是很累的活儿，偶遇一本自己喜欢的书，真是运气！偷懒的方法，就是首先看新书架，因为在图书馆的新书架上是新购买来的，还没有放置到分类书架之前的各类书籍，五花八门什么书都有。所谓新书并不一定是新发表的，有不少是再版的旧著和古籍，你总会有所斩获！另外就是看看其他读者刚还的、还没有被取走重新上架的书，我想，被借走过的书中，肯定有值得拜读的。这样一来，就读得很杂。杂有杂的好处，就像用餐，不偏食才营养丰富。年轻时读书，总想在某个领域里读得全面一些，系统、系统再系统。一直没有弄明白这是谁的系统？肯定不是我的系统。这还不是关键之处，关键是一讲究系统，读书之乐就荡然无存。

几年前曾经和老友讨论过"孔颜乐处，所乐何事？"，孔子说："饭疏食，饮水，曲肱而枕之，乐亦在其中矣。"颜回则"一箪食，一瓢饮，在陋巷，人不堪其忧，回也不改其乐"。按儒家的一套说法，孔颜之乐的境界又高又复杂，周敦颐怎么说？二程怎么说？朱熹又怎么说？——梳理下来，已经头晕脑涨，哪有什么乐子！自己朴素的体会，孔颜之乐就是读书之乐。因为只要看一本好书，粗茶淡饭是不计较的，而"曲肱而枕之"，其实也是读书的一种常规姿态，那时没有沙发，没有电动按摩椅，坐累了，半躺在农村的土炕上看书，就是这副模样。至于读的什么书，估计也是杂七杂八，后人叫"五经"，诸子百家或农牧渔樵。

读的杂了，乐是乐了，也露出马脚，写的文章基本是东一榔头西一棒子，因此书名本该叫"东榔西棒集"。

最后感谢卫纯兄在编辑此书过程中付出的种种辛劳，并为集子换了《媒介与修辞》这个雅致一些的书名。

2019 年 11 月于上海